図解 中世の生活

F FILES No.054

池上正太 著

新紀元社

はじめに

　中世ヨーロッパという響きは、大変ロマンチックな印象を与えてくれる。颯爽と愛馬を駆る騎士、キリスト教の布教に情熱を燃やす司祭や修道士たち、城の中で愛の歌を奏でる吟遊詩人にそれに耳を傾ける淑女、牧歌的な農村には素朴な農民たちが暮らし、都市では抜け目ない商人や堅実な職人たちがそれぞれの家業に精を出す。

　その一方、中世は暗黒時代としても知られている。壮麗なるローマ帝国の終焉と異民族流入による混乱、たびたび訪れる飢饉や災厄、ペストを始めとする疫病の蔓延。古代から伝わる知識は断絶し、衛生環境の悪い逼塞した世界で人々が怯えながら暮らしている。

　これらのイメージは、中世という実に長い期間のほんの一面を捉えたものに過ぎない。中世と一括りにされた時代の中でも、その時代により生活や情勢は大きく異なっている。また無知蒙昧な時代であったということも誤解である。失われた知識も多かったが、この時代から芽吹いたさまざまな技術もあった。

　本書はそうした中世の生活について平易に、そしてごく簡単な形で触れたものである。本書はあくまで、中世という魅力的かつ深遠な世界を覗き見る、小さな鍵穴のようなものだと思っていただきたい。そして、この本が新たな世界への扉を開き、中世という時代を深く知るためのきっかけになったなら幸いである。

　最後に多数のご迷惑をおかけした編集者の皆様、そして分かりやすいイラストを描いていただいた福地さん、何より本書を手に取ってくれた読者の皆さんには深い感謝の意を伝えておきたい。

池上正太

目次

第1章 中世とは　7

No.001 中世という時代 ── 8
No.002 中世の世界観 ── 10
No.003 封建制度 ── 12
No.004 領土と小教区 ── 14
No.005 信仰と暮らし ── 16
No.006 中世の時間と暦 ── 18
No.007 中世の医術 ── 20
No.008 中世の衛生概念 ── 22
No.009 中世の災害と飢餓 ── 24
No.010 中世の疫病 ── 26
No.011 中世の法制度 ── 28
No.012 保護区 ── 30
No.013 中世の刑罰 ── 32
No.014 中世の税制 ── 34
No.015 中世の婚姻 ── 36
No.016 中世の芸術 ── 38
No.017 中世の音楽 ── 40
No.018 中世の建築技術 ── 42
No.019 中世の交通 ── 44
No.020 中世の情報伝達と郵便 ── 46
コラム 食材への価値観 ── 48

第2章 農村と森林　49

No.021 農村と森林 ── 50
No.022 荘園制度 ── 52
No.023 農村の住人 ── 54
No.024 荘園の役人たち ── 56
No.025 農民 ── 58
No.026 農奴 ── 60
No.027 牧人 ── 62
No.028 農村の暮らし ── 64
No.029 中世の農法と農産物 ── 66

No.030 農村の住居 ── 68
No.031 農村の施設 ── 70
No.032 水車小屋 ── 72
No.033 かまどとパン ── 74
No.034 家畜 ── 76
No.035 居酒屋 ── 78
No.036 農村の食事 ── 80
No.037 農村の衣服 ── 82
No.038 農村の祝祭と娯楽 ── 84
No.039 森林と御料林 ── 86
No.040 共用地 ── 88
No.041 御料林長官 ── 90
No.042 炭焼きと森の職人たち ── 92
No.043 鍛冶屋 ── 94
No.044 開墾 ── 96
No.045 森林と狩猟 ── 98
No.046 人狼 ── 100
コラム 中世料理の味と形 ── 102

第3章 都市とギルド　103

No.047 中世の都市のかたち ── 104
No.048 都市の住人 ── 106
No.049 市長と参事会 ── 108
No.050 衛兵と警吏 ── 110
No.051 商人 ── 112
No.052 職人 ── 114
No.053 刑吏 ── 116
No.054 娼婦 ── 118
No.055 ジプシー ── 120
No.056 乞食と貧民 ── 122
No.057 都市の暮らし ── 124
No.058 都市の住居 ── 126
No.059 都市の施設 ── 128

目次

No.060	大学と学問	130
No.061	スコラ学	132
No.062	都市の食事	134
No.063	都市の衣服	136
No.064	都市の娯楽	138
No.065	風呂屋	140
No.066	市場	142
No.067	同業者組合制度	144
No.068	ギルドの種類	146
No.069	ギルドと職人の暮らし	148
No.070	遍歴職人制度	150
No.071	流通と交易	152
No.072	貨幣制度と為替	154
No.073	街道の宿屋	156
No.074	兄弟団と結社	158

コラム　シャリヴァリと暴走する若者たち　160

第4章　教会と聖職者　161

No.075	宗教施設とその区分	162
No.076	教会と修道院の住人	164
No.077	教皇	166
No.078	司教	168
No.079	聖職者	170
No.080	教会と修道院の暮らし	172
No.081	教会と修道院の施設	174
No.082	教会と修道院の食事	176
No.083	教会と修道院の衣服	178
No.084	施療院と奉仕活動	180
No.085	聖人信仰と聖遺物	182
No.086	巡礼	184
No.087	異端	186
No.088	罪と免罪	188
No.089	煉獄	190

コラム　悪魔と信仰　192

第5章　王宮と城砦　193

No.090	城の住人	194
No.091	領主	196
No.092	騎士	198
No.093	従卒と小姓	200
No.094	奥方と姫君	202
No.095	傭兵	204
No.096	吟遊詩人と道化師	206
No.097	宗教騎士団	208
No.098	城砦と王宮	210
No.099	城の暮らし	212
No.100	城の施設	214
No.101	城の食事	216
No.102	城の衣服	218
No.103	城の娯楽	220
No.104	紋章学	222
No.105	戦争	224
No.106	訓練とトーナメント	226
No.107	武具	228
No.108	攻城兵器	230
No.109	馬	232
No.110	錬金術	234

索引	236
参考文献	239

第1章
中世とは

No.001
中世という時代

中世は暗黒時代と呼ばれ、停滞した時代と思われている。だが、混乱と激動から、新たな秩序を生み出した重要な時代だったのである。

●混沌からの再生の時代

暗黒時代と呼ばれた中世という時代。人類が人類たる基礎を築き大帝国を生み出した古代と、知性と発見の時代であった近世の間にまたがるこの時代は、輝かしい古代の末期に訪れた動乱の中から人々が再び立ち上がるための苦難の時代であった。そうした意味では、確かに中世は暗黒時代であったかもしれない。しかし、古代から連綿と伝えられた思想や技術、そして新たな時代へと羽ばたくための知恵が融合し、新たな秩序と発展をもたらしていったのもまたこの時代なのである。

歴史的には西ヨーロッパにおける中世は5世紀から14世紀、あるいは15世紀までの時期を指す。大まかには3期に分けることができ、それぞれ5世紀から10世紀の初期、11世紀から13世紀の盛期、13世紀後半以降の後期となっている。中世初期はローマ帝国の崩壊、そしてゲルマン民族の大移動に見舞われた混乱と争いの時代だった。絶え間ない不安と猜疑の日々を送る人々は来世に希望を託すキリスト教に救いを求め、多くの人々が教化されていく。また、ゲルマン系の新たな支配者たちは民衆支配の手段として、あるいは自らの救いとしてキリスト教を受け入れ、臣民の教化と聖職者の保護を行うようになった。続く盛期は封建制度の時代である。混乱の中で力を手に入れた諸勢力は、確実な安全を確保するべく、より大きな力を持つものに領土を献上してその庇護下に入った。こうして、多くの小さな勢力は少数の大きな勢力にまとまり、西ヨーロッパは一応の安定をみることとなる。最後の後期は、ルネサンスの時代へと続く革新の時代だった。思想の中心だった教会の腐敗によって起こった反教会的傾向、王の権力拡大による中央集権化、都市と商人の台頭、ペストと飢饉の蔓延は停滞した時代を終焉に向かわせ、新たな時代を切り開くことになる。

中世という時代

西ヨーロッパにおける「中世」とは？

5世紀から14世紀、あるいは15世紀までの時代区分。5～10世紀の初期、11～13世紀の盛期、13世紀後半以降の後期に分かれる。

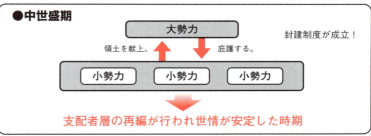

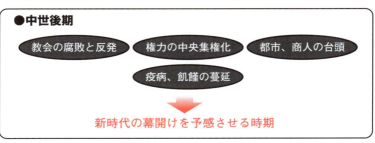

関連項目

● 封建制度→No.003
● 信仰と暮らし→No.005
● 中世の災害と飢餓→No.009
● 商人→No.051
● 領主→No.091

No.002

中世の世界観

中世において人が暮らす世界についての理解は、目に見える現実と神学的な幻想が奇妙に入り混じった独特なものであった。

●神話と現実が入り混じった世界

　中世は現在ほど自然現象や地理についての理解は広がっておらず、その解釈は神学的なアプローチによってシンプルにまとめられていた。

　キリスト教が絶対的な価値観である中世世界であるが、そこには異教文化の名残も取り入れられていた。そのため、世界は聖書における世界創造と、ギリシア・ローマの哲学から聖書と反目しない部分を交えた形で理解されている。世界は神によって、無の状態から6日で創造された。万物を構成するのは火、空気、水、土の4つの元素である。中世の人々は世界を平面で捉えていたと考えられがちだが、世界を球体とする概念は広く流布していた。世界は卵のように球形を成す天に覆われており、大空には天使と善良な人々が住まう天国の圏、堕天使の投げ込まれた圏、神のいる圏が層を成している。天には多くの星があり、47の星座を形成していた。世界の核は大地で、その周囲を天体が巡っている。大地の周囲は大海に囲まれていた。大地の中央に座しているのはエルサレムで、東にはエデンの園がある。ヨーロッパと地中海はエルサレムをはさんで反対側の西にあった。

　地理的な知識は存在していたにもかかわらず、中世の地図は概念的なものだった。マッパ・ムンディと呼ばれる当時の世界地図は、基本的に3分割された大地に、象徴化された都市を配したものである。地図は東を上にしており、上方を占めるアジアの最上部にエデンの園を、中央に戯画化されたエルサレムを配している。左下にはヨーロッパが、右下には地中海やアフリカが描かれていた。そして、旅人たちから得られた現実の情報、古典文献から得られた情報、神話や伝説に基づいた情報が渾然一体となって記載されている。しかし、14世紀に入り航海術が発達すると、正確な海図が必要とされたこともあり、地図はより現実的なものとなっていく。

中世の世界観の基本

中世の世界観は、聖書の記述に、さまざまな知識を取り込んだものである。

当時の世界認識

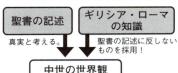
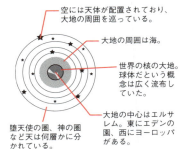

- 聖書の記述 → 真実と考える。
- ギリシア・ローマの知識 → 聖書の記述に反しないものを採用！
- → 中世の世界観

※例
- 世界は神によって、無の状態から6日で創造された。（聖書から）
- 万物を構成するのは火、空気、水、土の4つの元素である。（ギリシア・ローマから）

当時の世界認識の図の説明：
- 空には天体が配置されており、大地の周囲を巡っている。
- 大地の周囲は海。
- 世界の核の大地。球体だという概念は広く流布していた。
- 大地の中心はエルサレム。東にエデンの園、西にヨーロッパがある。
- 堕天使の圏、神の圏など天は何層かに分かれている。

マッパ・ムンディ

マッパ・ムンディとは？

中世に作られた世界地図。地理的知識があったにもかかわらず、この地図は宗教的、象徴的な意匠を主としたものとなっている。

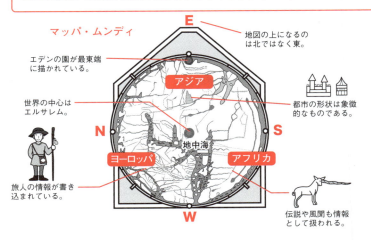

マッパ・ムンディ
- 地図の上になるのは北ではなく東。
- エデンの園が最東端に描かれている。
- 世界の中心はエルサレム。
- 都市の形状は象徴的なものである。
- 旅人の情報が書き込まれている。
- 伝説や風聞も情報として扱われる。
- アジア、ヨーロッパ、アフリカ、地中海

関連項目
- 信仰と暮らし→No.005

No.003
封建制度

封建制度と呼ばれる社会制度は、中世の西ヨーロッパが直面した混乱の中、自衛のための新たな秩序として生まれた。

●自衛のために寄り添う社会

　封建制度は、中世盛期を代表する政治制度である。この言葉にはさまざまな解釈があるが、本書では封土による統治体制として解説する。

　封建制度の前身となったのが、荘園制度である。ローマ帝国時代の皇帝や貴族の私領と農奴に端を発するこの制度は、フランク王国時代に恩給地と呼ばれる土地を有力者に与え、その代償として忠勤を約束させるレーエン制として発展していく。この恩給地は普通、受給者の死で返却された。もう1つの制度には、ゲルマン人の従士制度が挙げられる。これは王や首長が自由人の戦士や子弟を扶養し、個人的な兵力としたものである。

　カール大帝（在位768-814）の死後、彼の打ち立てた西ローマ帝国は分裂し、その求心力は急速に失われていった。各地の領主や大規模な土地を所有する聖職者たちは、より弱小なものたちを臣下として取り込み、その領土を恩給地として保証することで、自分たちの戦力を強めていく。だが、領主同士の連合は小領主たちの権限も強く、一代限りのものであった恩給地は、やがて世襲で用益権を得る封土として改められるようになった。

　こうして整えられた封建制度は、いくつかの絆からなる制度と言える。王、もしくは大領主は、自分たちに仕える小領主、騎士たちに対し、封土を与えることで忠誠を得る。一方、臣下となった騎士たちは、封土から得られる利益をもって武装し、その戦力を主君のために用いなければならない。だが、この関係は単純なものではなく、臣下はより多くの封土を求め、多くの主君に忠誠を誓うこともある。また、封土にはその領主の所有物として、農奴たちが縛りつけられていた。かくして、封建制度という上下関係の中で、戦う人である騎士、祈る人である聖職者、働く人である農民という厳格な身分制度が敷かれることとなり、その社会格差は長く続いた。

封建制度の形成

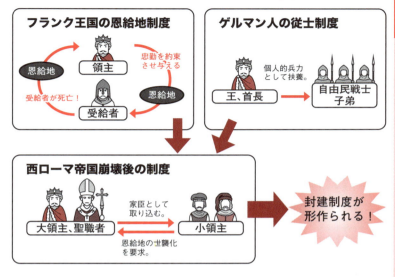

封建制度を維持する身分制度

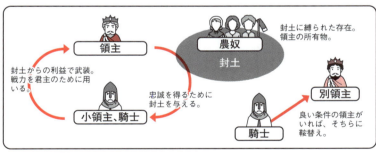

封建制度の中で、戦う人「騎士」、祈る人「聖職者」、働く人「農民」という厳格な身分制度が確立されることになる！

関連項目

- 荘園制度→No.022
- 農奴→No.026
- 領主→No.091
- 騎士→No.092

No.004
領土と小教区

領土は領主が貴族たる根幹であり、生活を支える大切な財産である。その形式にはいくつかの区分があり、さまざまな形で徴税が行われた。

●領主の生活を支える徴税の基盤となる土地

領土は、中世ヨーロッパの貴族たちの収入の基盤となる支配領域である。彼らはここで得られる税収によって食べ、着飾り、戦った。

領土は王や個人的な財産でない限り、主君から忠誠の代償として下賜されたものである。これには世襲可能な封土と、下賜されたものが死亡した場合返却しなければならない禄地、伯爵以上の特別な地位にある場合に贈られ、死後返却される恩給地があった。だが、封土とその他の土地の区分はあいまいであり、所持者が死亡後も世襲で継承されることが多い。

領主の所持する領土は、直営地と農民保有地の2つに区分される。直営地は領主自身の所持する土地であり、領主自身が家臣や保有する農奴と共に耕作や運営を行う。一方、農民保有地は領主が徴税の権利を保有しながらも農民たちに譲渡された土地である。農民保有地への徴税は初期のうち、現物納品であったが、貨幣経済が発展すると現金での納税へと変化していった。また、農民に労働を強いる賦役も金銭の納税で代替できた。

物理的な領土以外にも、バン権力と呼ばれる権限を指定の土地に与えられる場合もある。これは兵士の召集や街道の整備、裁判権といったもので、本来王の権限であったが、権力の分散化に伴い下級領主にも部分的に委譲されるようになっていく。バン権力を持つバン領主は、この権限により流通税や市場税を入手でき、また裁判で罪人から財産を没収できた。

小教区はキリスト教会の支配領域の最小単位であり、教会を中心にした村落1つ程度の範囲を指す。小教区はそこに住む民衆の宗教的、文化的コミュニティとして機能していた。そのため、小教区は徴税や徴兵の最小単位としても流用された。また、教会はここから10分の1税と呼ばれる税を徴収する。この税は教区の教会の管理費や、聖職者の報酬となった。

主君から与えられる生活基盤

領土とは？

領主たちの生活基盤。
領土からの税収が彼らの生活を支えている。

主君 忠誠の代償として下賜する。

↓

領主

封土	禄地	恩給地
世襲可能な領土。	1代限りの領土。	伯爵位以上の特別な人物に与えられる領土。

もっとも、禄地が世襲されるなど例外も多く、区分も明確ではない。

領主が領土に対して持つ権限

直営地
領主自らが保有する土地。
- すべての権限を持つ。
- 耕作、管理は農民に賦役を課して行う。

農民保有地
農民に譲渡された土地。
- 徴税が可能。（後に金銭で徴収）
- 直営地への賦役の要求可能。（金銭で免除）

バン権力
主君から一部の権限を与えられた土地。
- 一部の徴税が可能。（流通税、市場税）
- 徴兵が可能。
- 街道の整備が可能。
- 裁判権。

小教区
教会が支配する土地の最小単位。
- 民衆の生活の中心であったため、徴税や徴兵の最小単位に。

← 10分の1税を徴収 ― **教会**
10分の1税は教会の維持費、聖職者への報酬に充てる。

関連項目
- 農奴→No.026
- 農民→No.025
- 聖職者→No.079
- 領主→No.091

No.005

信仰と暮らし

中世ヨーロッパにおいて、キリスト教は深く民衆の生活に根付いていた。人々は教えに従い、教会は彼らに秘蹟を施す。

●ゆりかごから墓場まで共にある教え

　中世世界において、キリスト教は世界観、道徳などの価値観の基礎であった。その根底にあるのは人間はアダムが神に対して犯した原罪を、未だに抱えたままの存在だということである。原罪を抱えた人間が神の国に至るには、清く慎ましく生き、教会に執り成しを求めねばならない。そのため、民衆はミサに参加し、弱者の救済や奉仕活動、教会への寄付を心がけた。教会も十戒として知られる「神の十箇条の戒め」や、神を信じることの宣言などを含めた「信仰十二箇条」を設け、信徒に善行を促している。

　教会と民衆の間を繋いでいたのは、毎週末のミサや説法、そして各種の秘蹟（サクラメント）である。秘蹟とは神と人とを繋ぐ儀式であり、洗礼、堅振、聖体、改悛、終油、品級、婚姻の7つがある。洗礼はキリスト教への入信のための儀式であり、古来は自ら入信の意思を示し、全身を水に浸していた。しかし12〜13世紀には幼児洗礼と頭部を濡らすことで洗礼とする灌水式が一般となる。7歳になると、按手と塗油によって聖霊とその賜物を受け取らせる堅振を行う。これは、洗礼の仕上げでもあった。聖体はキリストの血と肉であるパンとワインを食することで、キリストと一体となる秘蹟である。聖体の秘蹟はミサで行われるが、臨終の際に授与されることもあった。改悛は自らの罪を告白し、購う儀式である。改悛者は聴聞僧に罪を告白し、罪科によって決められた罰を受け、寄進をすることで購いとした。これは人々の心の重荷を取り払う働きがあったが、同時に罪は金で買い戻せるというゆがんだ思想も生んだ。終油は死を目前とした信徒が罪を告白し、司祭が信徒に塗油し罪の許しを請う。しかし仰々しいものであまり人気はなかった。なお品級は按手をもって聖職者の叙階する儀式、婚姻はキリスト教的モラルの中での男女関係を取り持つ儀式である。

16

原罪と贖罪の日々

原罪とは？

人類の祖アダムが神に背いたという罪を、その子孫である人類は生まれながらにして背負っているという考え。

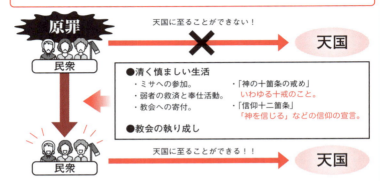

人生を彩る7つの秘蹟

秘蹟（サクラメント）とは？

神の恩寵を示す、神と人とを結ぶ儀式。
※この他、毎週末のミサや説教も神と人とを繋ぐ重要な儀式だった。

人生の決まった節目に行われる秘蹟

- **洗礼（誕生、キリスト教入信の際）**
  初期 自ら洗礼の意志を示し、体を水に浸す。
  12～3世紀 乳幼児の頭を濡らす灌水式。

- **堅振（7歳）**
  聖体授与の条件。頭に手を置き祝福する按手と塗油を受ける。

- **婚姻（結婚の際）**
  キリスト教のモラルに基づき男女を取り持つ。

- **終油（臨終の際）**
  人生の罪を告白。司祭に塗油される。

その都度行われる秘蹟

- **聖体（ミサ、臨終の際）**
  キリストの血肉とされるワインとパンを食す。

- **改悛（罪を告白する際）**
  聴聞僧に罪を告白。罰を受け、寄進する。後に利益重視に。

- **品級（聖職者の叙階の際）**
  叙階ともいう。按手を行い、位を授ける。

関連項目

● 宗教施設とその区分→No.075　　　● 罪と免罪→No.088

17

No.006
中世の時間と暦

中世における時間の概念は、キリスト教会と強く結びついている。彼らの打ち鳴らす日課の鐘は、民衆が時間を知る目安となった。

●時間と強く結びついた教会

　中世における時間という概念は、聖職者がもたらしたものである。無論、古代ギリシアやローマの時代にも、時間の概念は存在していた。暦についても古代バビロニアやエジプトで、農業での必要性や占星術への関心から早くに太陰太陽暦や太陽暦が生み出されている。昼と夜をそれぞれ12等分して時間に区切ることも、古代エジプト発祥である。だが、農業を中心に労働の日々を送る中世ヨーロッパの民衆にとって本来、時間は漠然としたものに過ぎず、日の出と日没と四季のリズムを中心とした生活を送っていた。そこに自分たちが必要とする時間の区分を持ち込み、細かな時報によって生活を区切るようになったのが教会や修道院だったのである。彼らは真夜中の朝課、午前3時の讃課、朝6時の1時課、午前9時の3時課、午後3時の9時課、夕方6時の晩課、夜9時の終課という1日7回の勤めのたびに鐘を鳴らす。これにより、民衆は自らが過ごす今がどの時間帯なのかを知ることができた。時間の長さは、日時計によって大まかに区切られたため季節によって変わる。夜間の時間の観測は短い時間であれば砂時計を、長い時間には水時計、ろうそくを用いた。14世紀にはより正確な機械式の時計が生まれ、商人たちにも用いられるようになっている。

　暦はローマ以来のユリウス暦を利用していたが、6世紀にディオニュシウス・エクシグゥス（470頃-544頃）が算出したキリストの誕生年を元年としていた。季節の区分にも教会は強く関わっており、重要な節目である冬至、春分、夏至には古代からの異教の祭りの代わりに、クリスマス、復活祭、聖ヨハネ祭などを当てはめ盛大な祝祭を上げさせている。1年の始まりは地方や国家によってまちまちであり、キリスト教の重要な節目であるクリスマス、受胎告知の日、あるいは復活祭が好まれた。

キリスト教の影響を受けた時間の概念

中世初期の時間の概念

1日
区分は昼夜のみ。

1年
区分は四季のみ。

自分たちの生活に不可欠な時報を持ち込む。

教会 / 修道院

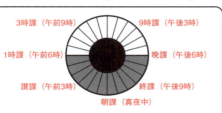

- 3時課（午前9時）
- 9時課（午後3時）
- 1時課（午前6時）
- 晩課（午後6時）
- 讃課（午前3時）
- 終課（午後9時）
- 朝課（真夜中）

昼は日時計で、夜は砂時計やろうそく、水時計で計る。

自分たちの生活に鐘による時報を取り入れる。

民衆

※ 機械式時計は14世紀以降に登場した。

キリスト教に取り入れられる古代の暦

6世紀ディオニュシウス・エクシグゥスがキリストの生誕年を算出！

教会 / 修道院

中世ヨーロッパの暦

ローマ由来の **ユリウス暦** を使用。

民衆

西ローマ消滅頃から紀年をキリスト生誕年に改めさせる。

さらに……

- 冬至 → クリスマス
- 春分 → 復活祭
- 夏至 → 聖ヨハネ祭

季節の変わり目を祝う異教の祭りをキリスト教の祭りとして祝うようになる！

関連項目

● 聖職者→No.079　　● 教会と修道院の暮らし→No.080

No.007
中世の医術

中世における医術はあまり信用できないものだった。論理や弁舌が重んじられる医学は迷信に彩られ、現場の医術は過激なものである。

●硬直化した血なまぐさい治療

　中世は新たな知識についての萌芽はあったものの、依然として経験則と迷信が支配する時代だった。医療技術についても、その傾向は変わらない。

　中世における医学の基本は、古代ギリシアの医学者ヒポクラテス(前460頃-前370頃)の著作や、ガレノス(129頃-200頃)の残した『精気論』である。特に『精気論』は霊魂が肉体を支配するというキリスト教の教えに合致し、教会に推奨された。こうして中世の医学は、教会を中心とした知識人の中で育まれていく。9世紀には南イタリアのサレルノに医学校が生まれ、大学躍進の時代にはモンペリエが医学の中心となった。これらの医学校は十字軍の侵攻により得られた中東の医学も吸収し栄えたが、あくまでも医学の基本はガレノスであり神学だった。技術よりも論理が、外科より内科が尊ばれ、高名で地位の高い医師ほど実践的な技術や治療法が伴わないという事態を招いてしまう。彼らは占星術によって病気の原因を探し、治療に向いた日時を割り出すような迷信深い人々だった。その一方、尿の色や臭いで病状を推し測るといった現代にも通じる医療も行っている。

　実践的な医療を行ったのは患者に直接触れる下賤な外科医や床屋である。彼らは未発達ながら、傷をワインで洗ったり卵白で覆うといった技術を持ち、通常の外科手術以外にも身体から血を抜く瀉血、焼き鏝で患部を焼き切ったり出血を抑え、鍼灸のようにも用いる焼灼法といった治療をした。

　この他にもさまざまな医療従事者がいる。薬種業者は内科医から指定された薬物を処方したり、秘伝の薬と称するものを人々に売りつけた。彼らの薬剤は、呪術的なまがい物も多かったが、現在でも使用されるカンゾウなどの薬草も含まれている。面白いのは大道芸人の一種とされた歯医者で、道化師のような帽子をかぶり、患者の悲鳴を消す太鼓を叩いて営業をした。

中世世界の医学

中世医学の基本

ヒポクラテス（ギリシアの医学者）
ガレノス（ローマ時代のギリシアの医学者）

ガレノスの『精気論』は、霊魂が肉体を支配する教会の考えと一致する。

教会

↓

中世医学は教会を中心に育まれる！

より重視される
・論理　＞　・技術
・内科　　　・外科

主な医学研究の中心地
サレルノ（現イタリア南部）
モンペリエ（現フランス南部）

十字軍遠征以降、中東の医学も取り入れられるが、あくまで医学の中心はガレノスと神学！！

中世世界の主な医学関係者

内科医
・実践より論理を優先する中世医学会の権威者。

主な診察、治療方法
・占星術などで病気の原因や治療日時を決める。
・尿の色、においなどで病状を判断。

外科医、床屋
・実践的な医療を行う下賤な存在。

主な診察、治療方法
・傷をワインで洗い、卵白で覆う。
・焼き鏝で傷を焼き、止血する。
・ナイフなどで血管を切開し血を抜く。（瀉血）
・患部などを熱する。（焼灼法）

薬種業者
・内科医の下請けや家伝の薬を売る業者。

主な診察、治療方法
・感染呪術まがいの怪しい薬剤。
・現在の薬学に通じる薬剤などもある。

歯医者
・道化師のような格好で歯を治療。大道芸人の一種とされる。

主な診察、治療方法
・楽器の音で患者の悲鳴を打ち消しながら抜歯を行う。

関連項目

●大学と学問→No.060

No.008
中世の衛生概念

暗黒時代と言われる中世であるが、入浴を好み身体の清潔さには気を使っていた。しかし、ゴミの清掃など衛生面での問題も多い。

●清潔への取り組みが行き届かない時代

とかく不潔であったと考えられる中世世界であるが、実際にはある程度清潔についての気遣いはなされていた。特に身体を清潔に保ち、身だしなみを整えるという点においては、近世よりもはるかに気を使っていた。しかし、菌や細菌などの病原体については発見されておらず、また生活環境に対する衛生概念も未発達と言える。

朝、教会に向かう人々はまず、洗顔と手洗いを行う。ただし、これは清潔を保つというよりは人に会う前の身だしなみのためであった。この風習は今日でも残っており、ヨーロッパの人々の入浴は朝が多い。木の葉を嚙み砕いたものや専用の歯磨き粉で歯磨きを行うこともある。水の便の良い地方には風呂屋が多く、比較的自由に入ることができた。しかし、一部の農民は入浴を惰弱な行為だと考えていたし、贅沢を禁じられていた修道士も1年の間にごく限られた回数しか入浴しなかった。身体を清潔に保つ努力はしても衣服については一張羅も多く、毛皮の内張りを用いた衣服は洗うことがなかったため、ノミやシラミの温床となった。なお、シラミを捕るためには洗髪と目の細かい櫛が用いられている。

トイレは農村であれば家畜小屋で済まして肥料とするか、野外で済ませた。都市や城には張り出し式の出窓状のトイレがあったが、出したものはおざなりに片付けるか、放し飼いの豚に食べさせた。また、おまるを使う場合もあり、内容物は明け方に道路に投げ捨てた。一部の修道院では、ローマ以来の水洗トイレも使われていたがこれは珍しい例である。ゴミについては農村であれば集積して燃やし、その灰を肥料としている。だが都市部はゴミについて放埒だった。道には生活のゴミや糞便が巻き散らかされ、たびたび疫病や上水道の汚染を引き起こしている。

身だしなみが重視された「清潔さ」

中世の衛生概念は？

他人の目を意識した「清潔さ」への配慮はあるが、菌や細菌、病原体への知識がないため未発達。独特の価値観もある。

●入浴、その他

一般
外出前に洗顔、手洗い。木の葉や歯磨き粉で歯磨き。行水程度のことは頻繁にする。

水の便の良い地方
公衆入浴施設が発達。値段も手ごろ。

農民などの一部
入浴行為を惰弱な行為と考える。

修道士
入浴を贅沢な行為と考え、1年の間に数回程度しか入浴をしない。

●身支度

衣類
一張羅が多い。毛皮の裏張りがある衣装は洗わず、ノミやシラミの温床。

洗髪
シラミを取るために目の細かい櫛が用いられる。

都市部、農村部のゴミとトイレの事情

都市部のトイレ、ゴミ

トイレ
・城では出窓式のトイレ、もしくは庭。
・都市は出窓式かおまる。道路に廃棄。

ゴミ
・道路に廃棄。

おかげでゴミだらけ……。
上水道の汚染や疫病が問題に。

ゴミ処理人、放し飼いの豚に処理させる！

※ 放し飼いの豚は便利だが、時々暴れて人々を困らせることがあった。

農村部のトイレ、ゴミ

トイレ
・家畜小屋や周辺で処理。

ゴミ
・焼却処分。

肥料として大半はリサイクル。

例外

一部の修道院などではローマ時代の水洗トイレ、下水施設を利用していた。

関連項目

●中世の疫病→No.010
●家畜→No.034
●風呂屋→No.065
●教会と修道院の住人→No.076

No.009
中世の災害と飢餓

災害は人間の手では防ぐことが難しい、自然現象が引き起こす猛威である。中世の人々は、そこに自然の法則ではなく神意を見出した。

●神の怒りによってもたらされる破壊

　現代社会においても、自然災害や火災、そしてそれによって引き起こされる飢餓や混乱は克服することができない悲劇である。ましてや簡単な機械装置や人力、動物の力に頼り、情報伝達手段も発達していなかった中世世界において、災害はほとんど致命的な結果をもたらすものとなりえた。

　中世の人々は立ち向かうことが困難かつ、原因さえ知ることができない強大な理不尽に神の姿を見出す。そして、自分たちに与えられた神の警告、あるいは罰と考えたのである。教会や修道会は、これらの災害をたくみに自分たちの説法へと取り入れた。ドミニコ会、フランシスコ会の修道士たちが記した説教範例集には、身近で起こった山崩れ、洪水、落雷などの災害を神の怒りとして、民衆に改悛を促すためのテキストが数多く残されている。これらの記録は決してファンタジーではなく、現実の災害を記録したものなので効果はてきめんだった。現実的な問題としても当時の人々が、災害に対して打つべき手が神への贖罪しかなかったのも事実である。祈りや儀式は人々の混乱した心を鎮め、教会や修道会が行う貧者への救済は災害によって家や財産を失った人々を救うことになった。

　だが、神の怒りとされたのは自然災害だけではない。洪水や悪天候は農地を水浸しにし、疫病をもたらす。寒冷な気候は作物の実りを悪くする。また、災害や戦争による多くの死者は労働力を低下させた。これらの要因によって引き起こされる飢餓。これこそが、「神の剣」、「破城槌」と呼ばれ、中世世界において最も恐れられた神の怒りだった。特に14世紀に起こった大飢饉はペストと共に多くの人命を奪い去っている。人々は飢餓を神の試練と考え、それが引き起こされないように断食や清貧な生活を奨励した。これは、実際に飢餓が起きた際の訓練にもなった。

24

神を通して災害と向かい合う民衆

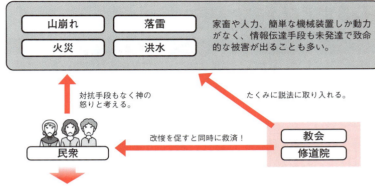

- 宗教的な定義づけで精神的に安定。
- 教会、修道院による救済措置で生活面でも安定。

人々を襲う災害と飢饉

 自然災害
- 人口を減らし、農作物の収穫を減らす。
- 環境の悪化をもたらす。

 戦争・疫病
- 労働力の低下をもたらす。

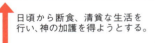

飢饉　　「神の剣」、「破城槌」として恐れられる！

日頃から断食、清貧な生活を行い、神の加護を得ようとする。

こうした生活が一種の訓練となり、災害時の民衆の生活を大いに助けることになった。

関連項目

- 信仰と暮らし→No.005
- 中世の疫病→No.010
- 中世の情報伝達と郵便→No.020
- 戦争→No.105

No.010

中世の疫病

医術が発達していなかった中世世界において、疫病は戦争以上の死を
もたらす恐ろしい存在だった。そこに神の怒りが見出されるほどに。

●ヨーロッパ全土に死を振りまいたペスト

衛生、医療が現在ほど発達していなかった中世世界では、致命的な疫病
がたびたび流行し、人々を恐怖のどん底に陥れた。

中世の疫病として最も悪名高いのが、「大いなる死」、「黒死病」として
恐れられたペストである。中世ヨーロッパで主に流行したのは肺ペストと
腺ペストで、それぞれ空気感染とネズミやそれに付いたノミやダニの媒介
で感染する。しかし、中世の人々にはそれを理解することも、癒す術もな
く最盛期である14世紀のペストによる死者は2500万人にものぼった。そ
の膨大な数に、教会は正規の埋葬も行えない状況だった。この迫り来る恐
怖に、人々は神の姿を見出し神罰による災厄とすら考えるようになる。そ
して、老若男女、富貴卑賤問わずに訪れる死は人々の心に深い傷をつけ、
さまざまな潮流を生み出した。芸術分野においては、「死の舞踏」と呼ば
れる死神をモチーフとした絵画が、宗教分野では自らの罪を悔い改め神に
救いを求めるために裸体で自らを鞭打つ鞭打ち行者が流行している。

ペスト以外で恐れられたのがライ病だった。実際には感染力の低い病で
あったが、外見的な変容への恐怖は大きく、感染者は位置を知らせる鈴を
持たされ公共の場への立ち入りを禁止された。十字軍によって12世紀に
もたらされた天然痘も、猛威を振るっている。小さな発疹に見舞われるこ
の病は、生き延びた人々にもあばたという傷を残した。

インフルエンザなどの流感も、食糧事情や栄養状態の悪い中世では致命
的なものだった。また飢餓により、麦角に汚染された穀物を食べることで
起きる壊疽性麦角中毒は「身体を焼く病」、「聖なる火」と呼ばれ恐れられ
ている。そのため、それを癒すとされた聖アントニウス（251頃-356）への
信仰が高まり、病も「聖アントニウスの火」と呼ばれるようになった。

恐怖の黒死病

大いなる死と呼ばれたペスト

中世ヨーロッパにおいて、最も恐れられた疫病がペストである。その死者は最盛期である14世紀には2500万人に達した。

●ペストの原因

肺ペスト
↓
空気感染。

腺ペスト
↓
ネズミやそれに付くノミ、ダニから感染。

その結果……。

芸術面
「死の舞踏」と呼ばれる、死神をモチーフとした絵画の流行。

宗教面
自分を鞭打ち神の許しを請う、鞭打ち行者が流行。

しかし、当時の人には原因が分からず宗教的な恐怖を覚える!

恐怖によりさまざまな文化的潮流が生み出された!!

その他の疫病

●身体的変容をもたらす病

ライ病
感染力の低い病であったが、その外見変容をもたらす様により、患者が不当な差別を受ける。

天然痘
十字軍の遠征以降に流行。生存しても、顔や身体にあばたという痕を残した。

●飢餓や栄養状態による病

インフルエンザ
現代ではありふれた病だが、栄養状態の悪い中世では、多くの人命を奪う病だった。

壊疽性麦角中毒
麦角に汚染された穀物を食べることで起きる。手足の腐る様子から、「聖なる火」と恐れられた。

関連項目
- 中世の医術→No.007
- 中世の芸術→No.016
- 聖人信仰と聖遺物→No.085

No.011

中世の法制度

中世の法制度は、現代と異なり地方や裁かれる人間の所属するコミュニティによって大きく異なる。その解釈も、地域の独自色が強い。

●地方色の強い雑多な法

　中世における法制度は未発達で階層的、かつ地方色の強いものである。

　中世初期の時代、西ヨーロッパを実質的に支配したゲルマン人たちは、それぞれの部族の「部族法典」を裁判の根拠としていた。これはローマ化したゲルマン人が、ローマ法の影響を受けて自分たちの持つ慣習法を取りまとめたものである。これらは、基本的に犯罪行為を贖罪金によって購うという思想に則っている。裁判の際、「部族法典」は裁かれる側が所属するものが適応され、自由人からなる判決発見人によって判決が下された。ヨーロッパの覇権を握ったフランク王国は、よりゲルマン色が強くローマ・カトリック教会の思想を反映した『サリカ法典』を用いている。また、『国王罰令』を定め、平和、行政、勅法の3種に反したものを罰している。

　フランク王国崩壊後、法制度は更なる混迷を見せることになった。法令は国家ごとに異なり、法書は判決発見人が過去の判例を探し出し、その判決をまとめたものとなっている。どのような法が適応されるかは生活空間と身分によって決められた。神聖ローマ帝国を例に取ると国家的事案には帝国法（他国では国法）が、地方領主の勢力下であれば帝国の一般法とも言うべきラント法、農村では荘園法や農村ごとの慣習法、都市では商人法や都市法が適応される。また、宗教的罰には、教会法のカノン法が適応された。

　殺人や窃盗などの犯罪に対する裁判は重犯罪を扱う上級裁判、軽犯罪を扱う下級裁判があり、貴族であれば皇帝や王、領民であれば領主が裁判官として裁く。また、下級裁判であれば領主の配下の役人が裁判官となった。裁判は単純で、事件の立証は真実を語ると宣誓した証人によって成される。一方、被疑者は無罪放免を嘆願する保証人を立てて弁護をした。判決がまとまらなければ、焼けた鉄を握ったり決闘をする神明裁判で判断をした。

法制度の移り変わり

●中世以前〜中世初期

判決発見人 → 被告
被告の属する地域の部族法典を元に判決を下す。

『部族法典』
・ローマ法を元にまとめた慣習法。
・賠償により罪を贖う。

●フランク王国時代（5世紀〜9世紀）

判決発見人 → 被告
サリカ法典を元に判決を下す。

『サリカ法典』
・代表的なゲルマン系部族法。
・ローマ・カトリックの影響が強い。

国王 → 違反者
国王罰令の違反者を罰する。

『国王罰令』
・中央集権のための統治手段。
・平和、行政、勅法を乱すものに適応。

●フランク王国崩壊後（10世紀〜15世紀）

画一的な法が消滅！ → 判決発見人が過去の判例を元にして法令集を作ることに！

裁判と判断基準

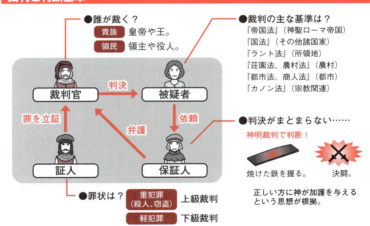

●誰が裁く？
　貴族　皇帝や王。
　領民　領主や役人。

●裁判の主な基準は？
『帝国法』（神聖ローマ帝国）
『国法』（その他諸国家）
『ラント法』（所領地）
『荘園法、農村法』（農村）
『都市法、商人法』（都市）
『カノン法』（宗教関連）

●判決がまとまらない……
神明裁判で判断！
焼けた鉄を握る。　決闘。
正しい方に神が加護を与えるという思想が根拠。

●罪状は？
重犯罪（殺人、窃盗）　上級裁判
軽犯罪　下級裁判

関連項目
●保護区→No.012　　●領主→No.091
●中世の刑罰→No.013

No.012

保護区

警察権が未成熟な中世世界では、罪人は原告側が追跡して裁いた。保護区はそうした罪人が、正当な裁判を受けるための避難所だった。

●緩衝地帯としての保護区

中世の法的概念の中でも特殊なものが、保護区（アジール）と呼ばれる制度である。中世初期における犯罪への対処は、国王が最終的な決定権こそ持つものの、大抵の場合各自治体が主催する裁判所にその判決や刑の執行がゆだねられていた。また、武力をもって自らの領域を所持するものが、自らの領域を外敵の手から守ることは当然の権利であり、義務でもあった。たとえ貧しい家の家長であっても自由民としての身分が保証されていれば、それを犯すものに復讐を行う権利を持っていたのである。これには、当時の警察権が未発達であり、裁判に罪人を出頭させるには原告側やその親族が追跡しなければならなかったことも影響している。だが、無条件に復讐を許せば、被害者同士の血で血を洗う抗争が延々と続くことになってしまう。そこで考え出されたのが、保護区という一種の安全圏であった。

保護区の制度は古代の中東でも見られたもので、神殿や寺院のような聖域での流血を避けるものである。中世世界における保護区は、教会や神聖な森、墓地といった聖域だけでなく、街道、渡し守、粉挽き小屋などの公共施設、さらには個人の家までが含まれていた。個人の家が保護区とされたのは、家が家長の支配する国家としてみなされていたからに他ならない。自由民は復讐する権利を持っていたように、庇護を求める罪人を守る権利もあったのである。面白いのは畑の中の馬鍬で、罪人がそこにたどり着ければ、パンを食べるまでの間休息を許された。また、保護区にたどり着けそうにない場合、帽子や靴を投げ入れても追手は手を出せなかった。

だが、保護区の加護は絶対ではない。保護区としての家に逗留する場合、許された期間は6週間と3日だった。法制度の整備が進むと保護区の規模は縮小されていき、最終的には教会など一部の特例しか残されなかった。

30

保護区の誕生

保護区（アジール）とは？

犯罪者など逃げ込んだものが保護される、世俗的な権力から隔絶した領域。元々は流血などで聖域を汚さないために作られた制度。

●中世初期における裁判権、警察権

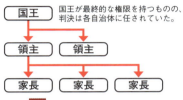

国王が最終的な権限を持つものの、判決は各自治体に任されていた。

問題点
・各自が自力で自分の支配する領域を守らなければならない。
・犯罪者への復讐行為がとどまることなく行われる可能性がある。

行き過ぎた報復行為や、報復の連鎖が横行。

犯罪者などの公的権力に保護されない人々でも逃げ込めば保護される保護区制度が確立する。

主な保護区とその制度

●聖域
・教会
・森などの宗教的聖域
・墓地

●その他
・個人宅
・畑の馬鍬

保護してもらいたい！

犯罪者

●公的施設
・街道
・渡し守
・粉挽き小屋

各保護区に逃げ込めれば保護される。
無理な場合は帽子や靴などを投げ込む。

しかし……

保護区の加護は絶対ではない！！

| 個人宅での保護 | 6週間と3日 |
| 畑の馬鍬での保護 | パンを食べるまで |

そもそも保護区の支配者の力が弱ければどうにもならない。

法制度の整備が進むと聖域などの一部を除き保護区は縮小していく。

関連項目

●中世の法制度→No.011

No.013
中世の刑罰

中世世界における刑罰は、犯罪者の更生によって犯罪を減らすのではなく、見せしめをすることで犯罪を抑止する形のものであった。

●犯罪者は動物であっても刑罰を受けた

　中世以前のゲルマン社会では、犯罪に対する刑罰は部族の法典によって判断され、財貨によって購うことができるものだった。しかし、神聖ローマ帝国歴代の皇帝が発令した『ラント平和令』は、犯罪に対する新たな刑罰観を確立することになる。ここに示された刑罰の形は、犯罪者に死刑や苦痛刑を与えることにより見せしめとし、公共の平和を脅かす強盗、殺人などの重犯罪を抑止するというもので、原則的には身分を問わなかった。

　犯罪者がいかなる刑罰を受けるべきかを定めるのは、王や領主による巡回裁判所、都市を管理する参事会、その他の領主や有力者から任官を受けたものたちが判定したが、捜査能力の乏しい中世世界では公正な判断がされたとは言いがたい。拷問による自白や、決闘裁判、火や水を使って犯罪者が傷つくかどうかを見る神明裁判などがまかり通っていた。

　デモンストレーションとしての効果を求められた刑罰は、罪状ごとに多様化しており、町や村落の所定の広場で衆人環視の中で執行された。重犯罪である殺人、誘拐、姦通などは斬首刑が、重窃盗、強盗には絞首刑が用いられる。放火犯、魔女などの異端者は火刑とされた。反逆者などの国家規模の犯罪者や、影響の大きい重犯罪者には四つ裂き刑、車輪刑などの見せしめ効果の大きい刑が科せられる。死刑より軽度な犯罪者に用いられる身体刑には切断刑が多い。傷害罪は手や足の切断、軽窃盗、偽証、偽誓は指の切断、また偽証、偽誓は涜神、誹謗と合わせ舌の切断も行われた。より軽い刑罰には鞭打ち刑、単純な罰金などがある。この時代、懲役などの自由刑はなく、監獄は裁判が結審するまでの間、犯罪者を拘束する場所であった。しかし、不衛生で食糧事情の悪い監獄での生活は、収監された犯罪者を大いに苦しめている。なお、これらの刑罰は動物にも適応された。

中世の裁判

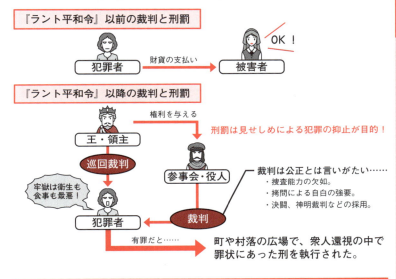

犯罪と刑罰

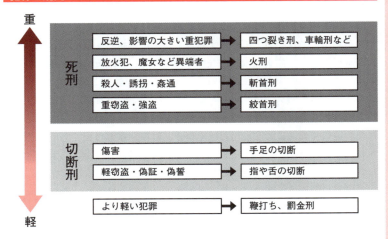

関連項目

●中世の法制度→No.011　　　●市長と参事会→No.049

No.014
中世の税制

税は、国家や領土を運営する上で欠かせない財源である。そのため支配者層は、さまざまな手段で領民から税を徴収した。

●支配者の財源を得るための術

　支配者層にとって民衆から徴収する税は、彼らの権力、そして生活を維持するために不可欠なものだった。軍備を拡張するにしても、贅沢な暮らしをするにしても得られる税は多ければ多いほどいい。そのため、支配者層はさまざまな名目で民衆から税を徴収していた。

　中世の人口はその大半が農民である。領主が自分の支配する直営地や荘園の農民たちから得ていた税は多岐にわたるが、基本的には次のようなものである。人頭税は農民1人1人から徴収されるもので、高額ではないが農民が支配されていることの象徴だった。地代は基礎となる税で、農民の耕作する農地ごとに穀物や貨幣で徴収される。死亡税、あるいは相続税は農民の子が親の耕作していた土地を継承する時に生じる。この際跡継ぎは、税金を納めた上に、領主に所持する最上の家畜を献納せねばならなかった。保有地移転料は、農民が領主の許可を得て他者に農地を譲渡する際に発生する。10分の1税はその農民が所属する小教区の教会が徴収するもので、その名の通り収穫の10分の1を収めた。また、領主所有の水車小屋の臼、パン焼き窯、葡萄圧搾機などの強制使用、および使用料の徴収なども行われた。金銭や物品による貢租だけでなく、賦役も重要な税である。農民たちは一般的に週3日程度、領主直営地の耕作や臨時労働を強いられた。なお、これら賦役は貨幣経済の発展と共に、金銭で免除されるようになっている。中世末期になると、生活必需品である塩にも高額の税がかけられた。

　都市部では街道の関所ごとに徴収される通行税、定期市に参加する際に支払う市場税のような商売関連の他、市当局への納付金、人頭税、流通商品にかけられる間接税があるが、市当局は自分たちの負担を軽減したため税は軽く、下層民も払うものがなく支払いは少なかった。

領主のもとで行われた税制度

領主

自分たちの生活を支える
ものとして徴収！

領土

人頭税
住民1人1人にかけられた税。

賦役
週3日程度の労働。後に金銭
で免除される。

保有地移転料
農民が領主の許可を得て農地
を譲渡する際に発生する税。

地代
耕作する農地にかけられた税。
後に作物から金銭での支払いに。

相続税
相続した農地にかけられた税。
税に加え最高の家畜も求めら
れる。

施設、その他

施設使用料
使用を強要された粉挽き用水
車小屋や葡萄圧搾機などにか
けられた税。

その他の税
塩などさまざまな生活必需品
にかけられた。

その他の税制度

教会

小教区

10分の1税
収入の10分の1を納めさせる税。

市当局

自分たち自身の納税額を減らす
ため税率自体は低めに設定！

都市

納付金
市当局に支払う一種の住民税。
人頭税

間接税
流通商品にかけられる税。

関連項目
- 農民→No.025
- 水車小屋→No.032
- かまどとパン→No.033
- 市場→No.066

No.015
中世の婚姻

中世の人権意識は現代とは大きく異なる。婚姻制度に関してもそれは同じで、さまざまな階層のさまざまな理由のしがらみがあった。

●自由なき婚姻関係

　中世世界における恋愛や婚姻に対する価値観や制度は、現代のそれと大きく異なる。無論、自由な恋愛は存在していた。だが、それが婚姻に結びつくとは限らす、また恋愛の形も時代を反映したものとなっている。

　中世初期の間は一夫一婦制こそ普及していたものの、婚前同棲や一夫多妻も珍しくはなかった。女性蔑視が強い教会は婚姻そのものに否定的であったが、やがて色欲封じの手段として結婚制度を作り上げていく。結婚は司祭の立会いの下、成人の男女（男は14歳くらい、女は12歳くらいで成人とされた）両者の合意によって行われ離婚は許されず、子作りのためのものであると制定したのだ。教会主導の結婚制度は13世紀には一般的となったが、俗界からすればはた迷惑なおせっかいでもあった。

　領主や騎士などの貴族階級の婚姻は、婚姻相手との血縁関係を結ぶための戦略的行為である。そこに個人同士の意思は介在せず、双方の財産や領土、あるいは血統的価値、そして外交関係こそが問題となる。つまり、貴族階級の婚姻とは、両家の同盟関係を強めるための儀式か、経済的な活動だったのである。そのため、権力者が後見人を勤める少女や未亡人を、自分の部下や同盟者と強制的に見合わせる場合もあった。両家の絆を深めるものであるから、子供を産めない女性は離縁される可能性もある。また近親婚は忌むべきものとされ、婚姻関係を破棄する理由となった。農民の婚姻には領主の許可が必要である。これは婚姻によって外部に労働力が流出しないようにするためである。また、労働力の増強のため未婚女性や寡婦に婚姻を強要することもあった。領主は花嫁と一夜を共にする権利、初夜権を持ち、その免除料が実質的な結婚税だった。これらに対し都市の結婚はいくらか自由だったが、有力者のそれは貴族と変わらなかった。

教会が定めた結婚制度

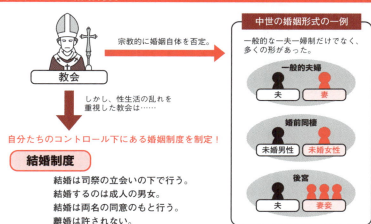

現代とは違う結婚観

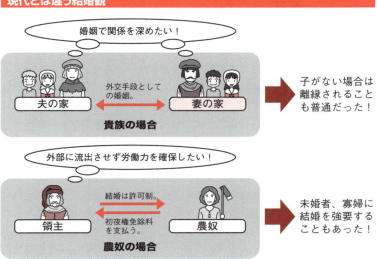

関連項目

- 信仰と暮らし→No.005
- 領主→No.091
- 騎士→No.092

No.016
中世の芸術

中世の芸術は、宗教建築と共に発展した。ローマ時代の影響を受けた
それは、やがて中世独自の芸術へと生まれ変わっていく。

●新たな価値観による創造

　中世の芸術は、宗教的な建築様式とそれに付随する周辺美術をもって語
られる。代表的なものが中世初期から盛期に見られるロマネスク様式、そ
して中世盛期から後期を彩ったゴシック様式である。ロマネスク様式は、
バジリカ様式の流れを受け継ぐローマ由来の様式で、重厚さの中に異教的
な空想を過分に含むものであった。建築様式としては柱や低いアーチを多
用し、中心となる会堂にそれまでは独立した形で建設されていた塔などの
施設を一体化させた重厚荘厳なものである。しかし、ローマに見られた精
緻さは影を潜め、彫刻などの装飾は平面的なものだった。ロマネスク様式
はその基点となったローマ周辺のヨーロッパ南部で発展した。一方、ゴシ
ック様式はフランス北部、ドイツ西部といったライン地方で育まれた様式
である。この建築様式は縦に大きく取られた空間と沢山の窓、出入り口に集
中した装飾などを特色としている。建物を彩る彫刻は、ロマネスク的幻想
は鳴りを潜め、人間や自然をテーマにした立体的で写実的なものだった。

　絵画の世界においても宗教の影響は大きい。中世の絵画に描かれる人物
たちは、平面的に描かれ役割ごとの特徴となる持物を与えられ象徴化され
ていた。たとえばそれが王であれば、寝所の中であろうと王冠を頂いてい
る。しかし、ゴシック様式が隆盛するようになると、象徴化された絵画に
も美しい自然を描きこみ鑑賞するという要素が盛り込まれるようになった。

　中世は書体や文学も独自の発展を遂げている。アルファベットの小文字
やゴシック体が誕生したのもこの時期だった。文学面では、古典的文学に
代わり、フランス語を用いた聖人録、伝記、『狐物語』のような寓話、吟
遊詩人による宮廷騎士道物語などが人気を博している。特に、愛の享楽や
皮肉な寓話に満ちた長編文学『ばら物語』はベストセラーとなった。

美術と建築様式

●中世ヨーロッパの美術は、宗教建築と切っても切り離せない仲だった！

	ローマ周辺〜フランス南部	フランス北部〜ドイツ西部
古代	**バジリカ様式** ※古代ローマの建築様式。 長方形の外壁、列柱式回廊を持つ。 影響を与える！	
中世初期	**ロマネスク様式** ●美術様式としての特徴 ・幻想的要素が強い。 ・彫刻は平面的で精緻さに欠ける。 ●建築様式としての特徴 ・柱、低いアーチを多用。 ・中心となる会堂に塔などの施設を一体化させた重厚荘厳なつくり。	**ゴシック様式** ●美術様式としての特徴 ・人間や動物がモチーフ。 ・彫刻は立体的、写実的。 ●建築様式としての特徴 ・縦に大きく取られた空間と窓の多様。 ・装飾は建物の出入り口に集中。
中世盛期〜後期		

絵画と文学

●中世ヨーロッパ絵画の主な特徴

ロマネスク様式

・絵は平面的に描かれる。
・書き分けのために持ち物を象徴化！
どんな状況でもその持ち物を描く。

ゴシック様式

・絵は写実的。
・自然主義的傾向が強まり、自然物を描き込んで鑑賞するようになる。

●中世ヨーロッパ文学の主な特徴

ギリシア語、ラテン語古典文学

フランス語文学が登場！

・聖人録　・寓話（『狐物語』など）
・伝記　　・宮廷騎士道物語

長編『ばら物語』がベストセラーになる！！

社会批判、風刺が盛り込まれた騎士道物語。百科事典的。

関連項目

●中世の建築技術→No.018　　　●騎士→No.092

No.017

中世の音楽

中世の音楽は教会音楽と共に発展を見せた。また、吟遊詩人たちによる民衆音楽も、新たな音楽を生み出す基礎となっている。

●神を称える歌、心を浮き立たせる楽曲

中世ヨーロッパにおける音楽の発展は、キリスト教と強く結びついている。キリスト教は唱歌を宗教的に有益と認めており、これを推奨していた。また、音楽は信仰の手段であるだけでなく、大学で学ぶ自由七科に含まれる学問でもある。もっともこの学問は、ピタゴラス派の数学的調和に基づいた観念的なものであり、技術的なものとは言いがたい。

技術的な発展は、教皇グレゴリウス1世（在位590-604）が天の音楽を書きとめたとされるグレゴリオ聖歌から始まった。ローマ式の典礼で用いるこの聖歌群は、最初ハーモニーのない単旋律の唱歌に過ぎなかった。しかし9世紀以降、これらを新たな旋律や歌詞で装飾する技法トロープス、一般の聖歌の後に歌う曲、詩共に自由なセクエンツィアが登場する。アレンジや創作により、新たな楽曲を生み出すトロープスとセクエンツィアは、演劇と結びつき典礼劇へと発展していく。また、グレゴリオ聖歌に新たな別音階の旋律を重ねるオルガヌムという多声音楽の技法も生まれた。

民間の音楽は、旅の吟遊詩人や楽士によって作られている。彼らは求めに応じて恋物語や舞曲などの音楽を奏でた。だが、彼らの音楽について分かることは少ない。彼らは自分たちの売り物である歌を秘匿していたし、楽器の演奏も即興によるものが多く記録に残らなかった。また、楽譜を書ける聖職者も彼らを蔑視していたので、記譜しようとしなかったのである。11世紀に入ると、フランスやドイツを中心に貴族出身の詩人たちによる歌曲が流行り始める。彼らの歌は騎士道や愛、道徳をテーマにしていた。詩人の作った歌は楽士によって歌い、奏でられる。主に使われた楽器は弦楽器だった。これらの楽曲には、現代で言うところの長調、短調の萌芽が見られ、教会音楽と合わせて後の西洋音楽の基礎となったと考えられている。

40

音楽の発展とキリスト教

中世初期音楽 ← 唱歌が信仰に有益と重視。 ← 教会／修道院

← 自由七科の1つとして重要視。 ← 大学

↓

グレゴリオ聖歌 グレゴリオ1世が天上の音楽を書きとめたとされる単旋律（ハーモニーのない）の聖歌。

9世紀

↓

トロープス → さまざまな技法、曲種が登場！ → **典礼劇** 聖歌が演劇と結びついたもの。

旋律や歌詞で装飾する技法。

↑

セクエンツィア 異なる歌詞、旋律が連なる曲種。

オルガヌム

別の音階旋律を重ねる手法。

教会音楽の発展により、西洋音楽の技法も進化！！

貴族、庶民たちの音楽

中世初期

吟遊詩人、楽士 ← 求めに応じ恋歌、舞曲などを演奏。 ← 民衆

↓ しかし……

彼らの音楽の実態は分かっていない！

・商売道具である楽曲、歌詞を秘匿したため。
・楽譜を残せる聖職者たちが彼らを軽蔑していたため。

11世紀

貴族出身の詩人

・騎士道、愛、道徳がテーマ。
・主に弦楽器で演奏。
・演奏に短調、長調の萌芽が見られる。

↓

教会音楽と合わせ、西洋音楽の基礎となる！！

関連項目

● 大学と学問 → No.060　　● 聖職者 → No.079
● 教皇 → No.077　　● 吟遊詩人と道化師 → No.096

41

No.018
中世の建築技術

中世は古代の英知を受け継ぎつつも、異なる形の新しい創造が行われた時代である。それは、建築技術についても例外ではない。

●職人たちが経験から生み出した新技術

中世の建築技術は古代ローマと比べ、格段に劣るものという認識は根強い。しかし、この時代は新しい建築プランが数多く生まれた時代でもある。

石造建築は工匠や石工の親方によるプランの設計から始まる。彼らには石を扱う知識だけでなく、建物の構造的な知識、建築物を飾る彫刻やその他の装飾、絵画に対する素養も求められたため、高い給金や衣類、税の免除など多くの特典が与えられた。また全体の統括者として発注者の聖職者や領主を上回る権限を与えられている。工匠たちはコンパスや定規を駆使して羊皮紙に図面を作成し、これを基本として建築は進む。この時代は屋根を支えるために飛梁、尖塔アーチ、リヴ・ヴォールトなど画期的な技術が生み出されており、ローマとは違うさまざまな建築プランが試みられた。

工匠たちの下には、石工、石切工、大工、左官、タイル工、レンガ工、屋根葺き職人などの建築関係者の他、鍛冶屋、ガラス職人、画家などが働いていた。また、資材の運搬などの単純労働を日雇い労働者あるいは、建築物が教会や大聖堂であれば、免罪を求める信徒が勤める。

石工たちは経験則から石のバランスを見て組み合わせ、積み上げていく。だが力学的知識の不足から、建築中の建物が倒壊することも少なくなかった。石の積み上げには、吊りくさびや吊りクランプと呼ばれる、現在でも使用される石を挟み込んで持ち上げる道具や滑車、クレーンなどが用いられた。14世紀に登場したクレーンは、リスやハムスターが動かす滑車のようなリス籠が付いており、牛や人間が車を回すことで、石や資材を持ち上げる。彼らが石を積み上げる間、石切工は石材を図面通りに切り出し、大工は足場や型枠、窓枠、扉など作り、左官は接合用のモルタルをこねる。これらの作業に必要な資材、工具などの準備、購入も工匠の仕事だった。

中世のさまざまな建築プラン

中世ヨーロッパは多くの建築技法が生まれた時代だった！

●建築技法の一例（ゴシック期のもの）

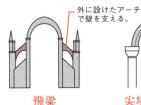
外に設けたアーチで壁を支える。
飛梁

尖塔アーチ

骨組みで天井を支える。
リヴ・ヴォールト

このようにローマとは異なる建築技法が試みられた。

建築の手順

施工主

高い給金や税の免除などさまざまな特権を与える。

工匠

工匠に必要とされた知識
・石を扱う知識。
・建物の構造上の知識。
・建物を飾る彫刻、絵画、装飾の知識。

図面を作成し指示を出す。
権限は施工主以上！

建築資材、工具などを手配。

石工	石切工	大工	左官
経験に沿って石を積み上げる。	図面通りに石材を切り出す。	足場、型枠、窓枠、扉などを作成。	接合用モルタルをこね、壁などを作る。

その他の職人　タイル工、レンガ工、屋根葺き職人、鍛冶屋、ガラス職人、画家など。
その他の作業員　日雇い労働者、免罪を求める信徒など。

滑車

クレーン

関連項目

●聖職者→No.079
●罪と免罪→No.088
●領主→No.091

No.019

中世の交通

中世においても、交通網の主流となる道路は網の目のように大陸を通っていた。しかし、その状態は良好とは言えない。

●でこぼことした砂利の旅路

　何もかもが未発達と考えられがちな中世でも、交通網は立派に発展しており今日の国道や私道のように区別もあった。王の道、街道と呼ばれる道は、軍事や商業活動のための大規模な道で、遠方への移動に利用されている。ローマ帝国が用いた街道を元にしたものが多いが当時の舗装は失われ、砂利と石灰を撒いただけの道はでこぼこして歩きづらいものでしかない。これらの道は国家や都市によって維持され、交通の際に通行税を取られることもある。しかし、権力者の支配力や周辺都市の経済力が強ければ、安全性や宿泊上の利便性が増した。村落の道は単に道や小道などと呼ばれ、耕作地と行き来する農道や教会などの施設へと移動するために用いられている。用途に応じて新設されるこの道はクネクネと曲がりくねっていて、道幅も牛2頭が通れるほどのものでしかない。設置や維持は村落によって行われ、勝手に道を作ったり耕作することは厳重に禁止されていた。

　道を移動するための手段は徒歩が主流で、長い時間と危険を伴う。森に囲まれ、荒野を通る道は野盗や狼に襲われることも珍しくない。そのため、旅人は普通集団になるか、護衛をつけた隊商などと同行するなどして自衛をしていた。道路の状態が悪いため馬車での移動は不快であり、重量物か貴婦人などにしか用いられない。軽い荷物を運ぶ場合は、駄馬やロバの背に積んで歩いた。貴族や金持ちは馬などの騎乗動物に乗って移動する。

　水上移動は、陸路より迅速で快適な移動が可能である。河川での移動は甲板のない小船で行われ、大規模なものではない。海路は時代と地域で用いられた船が異なる。地中海ではガレー船と大型の帆船が、北方ではノルマン人が河川でも運用可能なヴァイキング船を、都市隆盛後はハンザ同盟が対波性と操作性の良いコグ、あるいは河川で使えるフルクを用いた。

街道と私道

中世ヨーロッパの交通網は十分に発達していた。

その管理者、使用目的によって2種類に大別できる。

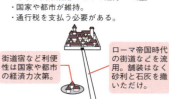

王の道、街道
・軍事、商業活動のための遠方への道。
・国家や都市が維持。
・通行税を支払う必要がある。

街道宿など利便性は国家や都市の経済力次第。

ローマ帝国時代の街道などを流用。舗装はなく砂利と石灰を撒いただけ。

道、小道
・耕作地、教会などの施設へ行くための道。
・村落が設置、維持。
・勝手な私道の設置や道の耕作は禁止。

必要に応じて作られるので曲がりくねっている。

牛2頭がようやく通れる小道。

主な交通手段

陸路
主流の移動手段。野盗や狼対策として護衛を雇うなど武装化、集団化。

馬車
道路が舗装されていないため不快。主に荷の運搬や貴婦人用。

騎乗動物
貴族は馬。一般人は荷馬やロバ、ラバに乗ることもあるが基本は徒歩。

徒歩
野盗、猛獣を避けるため、隊商などと同道するのが基本。

水路
陸路より迅速で快適な移動が可能！

海路
地域によって使用された船が異なる。

河川
主に屋根のない小舟で移動。

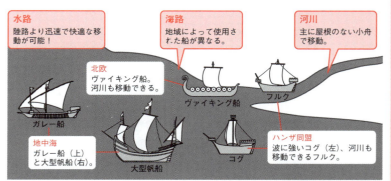

北欧
ヴァイキング船。河川も移動できる。

ヴァイキング船

フルク

ガレー船

地中海
ガレー船（上）と大型帆船（右）。

大型帆船

コグ

ハンザ同盟
波に強いコグ（左）、河川も移動できるフルク。

関連項目

●街道の宿屋→No.073　　●流通と交易→No.071

No.020

中世の情報伝達と郵便

電波や光回線でさまざまな情報が氾濫している現代社会に対し、中世世界における情報伝達は人間自身がその担い手であった。

●人の手と口で繋がれた情報

　最新の情報はいつ、いかなる時代でも重要なものである。これは中世世界においても変わらない。だが、中世の情報伝達は人力に頼らざるを得なかった。軍事的な火急の事態であれば、伝書鳩や鐘楼の鐘などを通信手段として使うこともできたが、それらの情報量は決して多いとは言えず、詳しい情報や文章は人が自ら伝えなければならなかったのである。

　王や領主、あるいは司祭といった権力者は専門の伝令を雇い、聖職者がラテン語で高価な羊皮紙に書き付けた手紙を持たせて使者とした。彼らは専門の衣服と靴を支給され、紋章つきの杖と手紙を入れる壺を持って手紙のあて先へと旅をする。伝令は聖別された特別な使者としてみなされ、無用な手出しは禁止されていたがそれが守られないことも多かった。

　一般人の情報伝達は、旅芸人や楽師、遍歴職人や巡礼といった旅人が担っていた。中でも面白いのは肉屋だ。彼らは新鮮な家畜を方々に買い付けに訪れたので、農民たちの郵便屋として長い間活躍することになる。旅人たちは主に自分の記憶と口で依頼者の伝言を伝えたが、14世紀に入ると製紙産業が盛んになったことから、一般人でも手紙で情報のやり取りができるようになった。事件や事故の情報はうわさや伝聞で伝わったが、中世人たちは用心深く、確たる証拠がない場合は信用しなかった。伝道師が辻説法の中に交える各地の事件や事故も、貴重な情報伝達手段となっている。

　都市の商人たちは、領主たちのように専門の飛脚を使った。彼らは自衛のために槍や石弓での武装を許されており、専門の衣服を身につけ、手紙を入れる壺を携帯している。また、角笛を持ち、目的の町に到着すると吹き鳴らして自分に用事のある人間を呼び集めた。この角笛は、元々肉屋が農村を訪れた際に到着を伝えるためのものを取り入れたものだった。

中世の情報伝達手段

中世の情報伝達は人力が基本。緊急時には伝書鳩や鐘を使うことも。

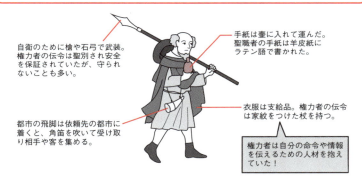

自衛のために槍や石弓で武装。権力者の伝令は聖別され安全を保証されていたが、守られないことも多い。

手紙は壺に入れて運んだ。聖職者の手紙は羊皮紙にラテン語で書かれた。

都市の飛脚は依頼先の都市に着くと、角笛を吹いて受け取り相手や客を集める。

衣服は支給品。権力者の伝令は家紋をつけた杖を持つ。

権力者は自分の命令や情報を伝えるための人材を抱えていた！

民間の情報伝達と手紙

●特別な使者を用意できない民衆は、さまざまな手段で情報を伝え合っていた！

手紙

旅芸人、巡礼
各地を巡るためメッセージを託される。羊皮紙は高いのでメッセージは口述。

肉屋
定期的に家畜を仕入れに農村を訪れるためメッセージを託される。

 しかし……

14世紀に入り製紙事業が盛んになると、それまでの口述に代わり、民衆でも容易に手紙を出せるようになった。

伝聞
噂話。怪しい情報は容易に信じない。

伝道師
説法の中でよその事件や事故を語る。

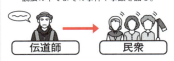

伝道師 → 民衆

関連項目

- ●遍歴職人制度→No.070
- ●聖職者→No.079
- ●巡礼→No.086
- ●領主→No.091
- ●吟遊詩人と道化師→No.096

食材への価値観

　中世ヨーロッパの価値観には、現在の我々から見ると大変奇異に映るものも多い。食材への価値観もそうしたものの1つだろう。

　中世ではすべてのものには、定められた序列があると考えられていた。基本的には天に近いものほど尊く、大地に近いほど劣等とされる。当時世界を構成する要素と考えられていた4つの元素であれば、火が最上級にあり風、水と続き土が一番低級とみなされていた。食材も同様であり、火に属する伝承上の生き物の肉や食材は最上位にあり、風に属する中でも天高く飛ぶタカやワシは上位に、そのあとにクジャク、キジなどの野鳥、家禽、水の要素を持つ水鳥と続く。鳥類の下には鹿やウサギなどの野生動物、牛、羊といった家畜がおり、農村でも食べられていた豚は下層に位置づけられていた。水に属する中ではクジラやイルカが尊く、魚類、甲殻類と続き、貝類や海綿が下層に位置する。土に属する植物たちの中では天に近い果樹が高位に位置し、実のなる灌木、キャベツやレタスなどの茎から可食部を芽吹く野菜、根に直接可食部が続くホウレンソウのような野菜、根菜、タマネギやニンニクのような鱗茎菜が最下層に位置した。

　これらを食する人間についても等級があり、それに相応しい食べ物を食することが求められた。領主や騎士といった上層階層であれば、狩猟で手に入れた新鮮な肉、モモやリンゴのような果実、穀類であれば小麦を食べることを推奨され、農民はカブなどの根菜やニンニク、タマネギ、そして主食には雑穀のパンを食べることが良いと公然と考えられていたのである。そして、当時の医学ではその秩序を乱せば、健康を害するとまでされていた。たとえば、ある文献には「エンドウマメを何度も食べると頭が鈍くなる。したがって、司教はこの豆を食べるべきではない」との記述がある。これは当時エンドウマメが、庶民の貴重な蛋白源として流通していたからこその論理である。このような特定の階級や食材への差別が平然とまかり通っていたのも、中世という時代の1つの形であった。

　また、食材には階層的な序列のみではなく、ローマ帝国時代の医師ガレノス（129頃-200頃）の4体液説に基づき湿、乾、冷、温の4つの属性に区分されていた。例えばウリ科の植物は冷の性質を持つので、熱のある人に与えるべきとされている。逆にニンニクは乾き熱い性質を持つため頭痛を起こしやすく、熱気のある若者よりも、熱を失いつつある壮年や年寄り、あるいは寒い北方に住む人々が体を温めるために食するべきと考えられていた。このようなガレノス理論の食事療法についての現代に残る貴重な資料が、11世紀の医師、イブン・ブトラーンの著した『健康全書』である。東方系キリスト教徒である彼は、バグダッドでイスラムの医学を学び、その成果を分かりやすい『健康表』という形でまとめた。14世紀末に入ると、この『健康表』は豪華な挿絵入りの『健康全書』としてラテン語訳され、北イタリアを中心に大いにもてはやされた。

第2章
農村と森林

No.021
農村と森林

中世ヨーロッパの農村は、森林の中に浮かぶ島のように存在していた。
農村の人々は深遠なる森に畏怖し、その恩恵を大事にしていた。

●農村を取り囲む緑の海

　文明社会は自然を切り開き、制御し、人類の領域を拡大した結果得られ
たものである。その過程で、多くの自然が都市へと変わっていった。だが、
中世ヨーロッパは、広大な森林の中に都市や村落が点在するという環境で
あった。農村はその深い緑の海に隔絶された島に過ぎなかったのである。

　ヨーロッパの薄暗い森は、一度迷い込めば二度と出られないと思われる
ほどに入り組んでいた。そこを通って周囲を把握することはたとえ軍隊で
も困難で、1356年のポワチエの戦いでは、追撃側のフランス軍がいつの
間にかイギリス軍に追いかけられていたという珍事も起きている。また、
そこに住む猛獣たち、中でも狼は人間にとって大きな脅威として恐れられ
ていた。森は異教的な迷信が生きる世界でもある。人々は森の中は悪霊や
妖精の世界と考え、夜には戸口まで森が広がってくるのだと信じていた。
事実、中世の森は開墾や土地の手入れを怠れば、すぐに勢力を盛り返した。

　その一方で、森は恵みをもたらす恵み深い存在でもあった。森を構成す
るオークやブナは豊かな腐葉土やどんぐり、そして有益な木材を人間に提
供している。人々は森を切り開き焼き払うことで豊かな農地を手に入れ、
豚を解き放ちどんぐりを食べさせて肥育し、冬に備えた。そして木材は、
建築資材となるだけでなく、鍛冶仕事やレンガ焼きの燃料にもなった。

　11世紀後半に入ると、鉄器の普及により開墾事業は爆発的な発展を遂
げる。しかし、価値ある森林の資源は農村の生命線だった。そのため、そ
の管理は厳重に行われている。許可なく木の皮を剥げば腸をその代わりに
巻きつけられ、切り倒せば頭を落とされ、木の代わりに置かれるなどの過
酷な刑罰が与えられていたのである。だが、このような努力にも関わらず、
資源の浪費により森林は失われ、緑の海は耕地や荒地へと変わっていった。

森林の驚異と恩恵の中での生活

中世初期の都市や農村は……

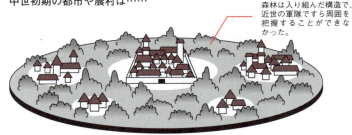

森林は入り組んだ構造で、近世の軍隊ですら周囲を把握することができなかった。

森林という海に浮いた島のような状態！

森林の驚異
- 狼に代表される猛獣。
- 悪霊、妖精などの迷信的存在。
- 深夜、家屋の戸口にまで迫るという迷信。
- すぐに再生し農村を飲み込む再生力。

森林の恩恵
- 建築資材としての木材。
- 燃料としての木材。
- 家畜飼料。
- 腐葉土、焼き畑などによる耕作地用肥料。

失われる森林

11世紀初頭に鉄器が普及。

⬇

開墾事業の効率が爆発的に上がる。

農村民

森林資源は生命線のため保護。

罪状と刑罰の一例
- 許可なく樹木の皮を剥いだ。
  腸を代わりに木に巻かれる。
- 許可なく樹木を伐採した。
  切断した首を代わりに置かれる。

しかし……

森林資源の消費や開墾により森林は減少。

過剰な保護の甲斐なく森林は耕地や荒地になっていった。

関連項目
- 家畜→No.034
- 炭焼きと森の職人たち→No.042
- 開墾→No.044

No.022
荘園制度

荘園制度は中世初期から盛期にかけての、領主による支配体制の１つである。荘園に組み入れられた村落は、彼らによる強い統制を受けた。

●領主の支配する世界

　荘園制度とは中世初期から盛期にかけて見られる、領土支配の一形態である。荘園は領主や聖職者が所持する領土のうち、領主直営地と支配下にある農民保有地、共用地を含めた一群の土地を指している。荘園の範囲は数箇所の村を含む場合もあれば、1つの村の中に複数の領主の荘園が混在している場合もあり、必ずしも村落ごとに区分されたものではない。

　領主は荘園内の主要な村落に館を構え、そこを中心として領土運営を行う。直営地で働く労働力は、領主の館の近くに住まわされた農奴、あるいは直営地周辺の農民保有地（マンス、フーフェ）を貸与された農奴だった。彼らは領主の執事の指示の下、耕地の耕作、放牧や機織、さらには運搬などを行う。保有地を持つ農奴たちの場合は週に2～3日、直営地での労働に従事させられる。さらに彼らは保有地で育てた作物や、それらを売り払うことで得られる収入を、保有地を得る代償として支払わされていた。

　荘園制度下においては、裁判権も領主の強い権限の下にある。また、農奴たちは荘園法によって拘束されており、自身の存在すらも土地に縛りつけられ、荘園が売却される際にはその付属品として売買された。

　しかし、過酷な支配形態であった荘園制度も、時代によって変化を迎えていく。13世紀以降、新興都市が台頭して貨幣経済が発展すると、領主たちは直営地を解体し、これまで抑制していた権利を農奴に売り払って現金収入を得ようとするようになった。また、農奴の方でも都市へ逃亡したり、領主が主導する開墾運動に参加し、自分の土地を得て自由農民として独立を果たすようになる。ペストの蔓延による労働力の低下も、農奴たちが力をつける一助となった。こうした環境により力をつけた農民は、限定的ではあるものの自治的な農村経営を行うようになっていく。

荘園制度と農奴の支配

荘園制度とは？

領主や聖職者による領地支配の基本単位。
領主直営地、その支配下にある農民保有地、共用地などが含まれる。

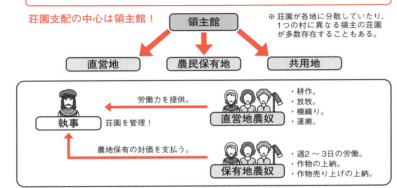

※ 荘園が各地に分散していたり、1つの村に異なる領主の荘園が多数存在することもある。

荘園制度の崩壊

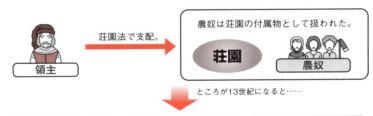

ところが13世紀になると……

貨幣経済の発展	自由農民の台頭	疫病の蔓延
・領主が経済的に困窮。 ・現金収入のため権利を農奴に売却。	・一部の農奴が都市に逃亡。 ・開墾政策により土地所有農民が増加。	・荘園の人口が減少。

荘園制度は以前とは違った形骸化したものに変化する！！

関連項目
- 農民→No.025
- 農奴→No.026
- 共用地→No.040
- 開墾→No.044
- 聖職者→No.079
- 領主→No.091

No.023
農村の住人

農村に暮らす人々は、当然大半が農民である。しかし、彼らでは賄えない技術や、特別な仕事を行う人々も暮らしている。

●多数の農民と少数の職人が暮らす村

　農村と一口に言っても、そこに暮らす民衆は農民ばかりとは限らない。牧畜や製造業も行われる農村では、それらの技術者も不可欠だった。

　とは言え、農村の住人の大半は農民である。農民にもいくつかの階層があり、自分で土地を所持し、領主からの週賦役を負う義務がない自由農民、賦役を課せられる小作人、土地所有者の支配下で農作業を行う農奴、古い時代には奴隷も存在した。また農地の所持も貸借もせず、金銭で雇われ働く労働者もいる。この労働者の中には、土地を相続できない農民の次男以下の子供なども含まれる。彼らは貧しかったが、領主からの賦役は軽く農奴たちより自由度は高い。農村労働者の中には、外部から雇われた牧人もいる。彼らは期間限定で雇われ、長期の放牧が必要な家畜を率いて放浪生活を送った。村長は領主が選ぶが、世襲や選挙で選出される場合も多い。また、領主の館で暮らす代官や、その下で働く役人も農村の住人と言える。

　農民たちの娯楽の場である酒場の主人も、重要な住人だった。彼らは自由人で領主から許可を得て醸造や酒類の売買を行う。農民の監視役でもあり、雑貨屋や宿屋の役割も果たした。教会には司祭がおり、農民たちの相談役や宗教的な支えとなったが、地方の司祭は教育も行き届いておらず、農民とさして変わらない生活を送っている。粉挽きは農村に暮らしてはいるが、立場は微妙なものである。彼らは領主から水車の管理を任され、農民から料金を取って彼らの収穫した麦を粉に挽く。パン屋も同様に料金をとってパン焼き窯を使う。領主は徴税のために彼らの施設を使うことを強要していたので、農民たちは彼らを嫌い、信用していなかった。特殊な技術者である鍛冶屋や大工は農村だけでなく、領主にとっても重要な存在だった。そのため、領主所持の農具を使用できる特権を与えられていた。

農村に暮らすさまざまな農民たち

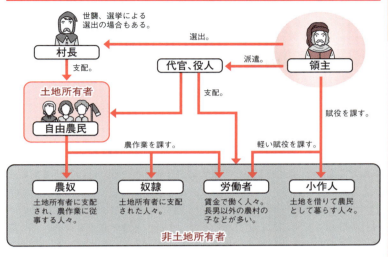

その他の農村の住人たち

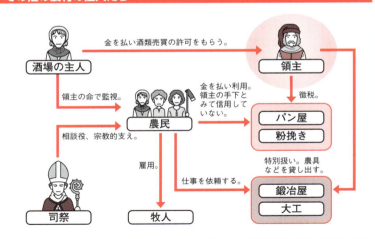

関連項目	
●農民→No.025	●水車小屋→No.032
●農奴→No.026	●居酒屋→No.035
●牧人→No.027	●鍛冶屋→No.043

No.024
荘園の役人たち

領主は荘園の支配者であるが、その管理は彼らの部下に任されていた。
その中には、農民自身の中から選ばれたものもいる。

●領主のために荘園を管理する人々

　荘園として領土に編入された農村は、政治的には領主たちの支配下にあった。しかし、その運営や管理は領主自身ではなく、その配下である役人たちの仕事である。領主の関心はあくまで領土からの税が滞りなく支払われているか、効率的な運営がなされているかにあり、直接的に農村のすべてを管理支配することにはなかった。また、各地の荘園を移動して生活する彼らには不在の荘園を運営する役人が不可欠だったのである。

　荘園の実質的な運営を行うのは家令である。彼らは領主の直属の配下であり、家政と領土の監督者だった。また、荘園における裁判も統括する。だが、彼らはその役割上各荘園を巡回監視しており、各荘園に対する滞在期間は短い。各荘園の管理を行うのはその配下の荘園差配人、あるいは代官である。彼らは郷士や自由民の豪農の子で、読み書きができるものから任命された。彼らは領主の館に住み、担当する荘園の農民の作業の管理、外部の村との交渉や外敵からの村人の保護を行う。また、村で生産できない生活必需品の調達も彼らの役割だった。しかし、農奴に労働を促し、各種の税を徴収する彼らは村人たちにあまり好かれてはいなかった。

　荘園差配人の下には、村人たちが自ら選出する農奴監督官、あるいは村役人と呼ばれる人々がいる。彼らは農奴の労働を監督し、怠けたり盗みを行ったりしないように注意を払う。また、差配人に代わり地代の徴収を行ったり、会計記録をつけることもあった。彼らは読み書きの教育を受けていないため、記録は棒に刻み目を付ける方法で行い、上司や書記官に伝えた。監督官の下には、種の管理や垣根の管理、エール管理などの助手が付く。監督官たちには報酬は出なかったが、賦役の免除などの優遇を受けている。だが、面倒ごとを嫌うものは、罰金を払って任命を避けようとした。

荘園を管理するシステム

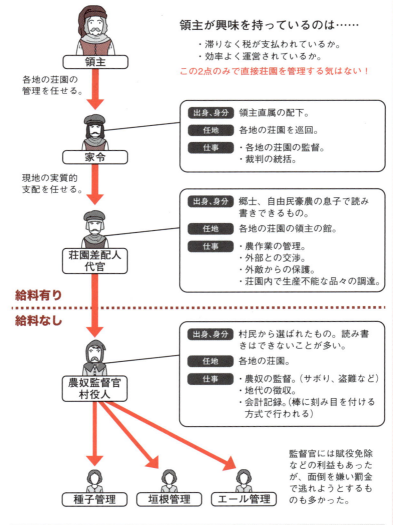

領主が興味を持っているのは……

- 滞りなく税が支払われているか。
- 効率よく運営されているか。

この2点のみで直接荘園を管理する気はない！

領主

各地の荘園の管理を任せる。

家令

出身、身分	領主直属の配下。
任地	各地の荘園を巡回。
仕事	・各地の荘園の監督。 ・裁判の統括。

現地の実質的支配を任せる。

荘園差配人 代官

出身、身分	郷士、自由民豪農の息子で読み書きできるもの。
任地	各地の荘園の領主の館。
仕事	・農作業の管理。 ・外部との交渉。 ・外敵からの保護。 ・荘園内で生産不能な品々の調達。

給料有り

給料なし

農奴監督官 村役人

出身、身分	村民から選ばれたもの。読み書きはできないことが多い。
任地	各地の荘園。
仕事	・農奴の監督。(サボり、盗難など) ・地代の徴収。 ・会計記録。(棒に刻み目を付ける方式で行われる)

種子管理　垣根管理　エール管理

監督官には賦役免除などの利益もあったが、面倒を嫌い罰金で逃れようとするものも多かった。

関連項目

- 荘園制度→No.022
- 農民→No.025
- 農奴→No.026

No.025

農民

農民は自らの土地を持ち、他者に隷属しない自由人の耕作者である。
彼らは団結して農村の運営計画を定め、時には領主と交渉もした。

運営を担った人々

　中世ヨーロッパにおける農民とは、自分の土地を所有し、自由権を持つ
人々である。だが、主人によって管理されていた農奴と異なり、彼らにつ
いて伝えられていることはあまり多くはない。

　一言で農民とは言っても、その出自は多岐にわたる。あるものはローマ
帝国時代から土地を所有する富豪の子孫であり、あるものは開墾により自
らの土地所有を許された農奴であり、さらにあるものは騎士叙任を受けた
り、領土継承に必要な税を支払う金銭を持たず、わずかに残された土地を
自ら耕作するに至った没落貴族だった。騎士階級への参入が容易であった
時代には農民たちの身分も流動的であり、富裕で武装するだけの余裕があ
るものは戦功により騎士として迎え入れられたり、逆に土地を失い農奴や
労働者となるものも珍しくなかった。封建制が確立し、農民身分が誕生す
ると彼らは私闘する権利、平時における武装する権利を失っていく。また、
農民の子は農民とされ、騎士となることも許されなくなる。しかし、情勢
や地域によっては、依然として成り上がる機会は失われていなかった。

　農民たちは裕福さによる格差こそあったものの、互いに強く結束してお
り、農村の運営に関してはある程度の自治権を持っていた。彼らは小教区
の教会を中心に自由民による評議会を形成し、農業や開墾の計画、道路や
堤防の保全、慣習法による裁判を行う。この団結は時に権力者への反抗と
して現れることもあり、農村ごとの共用地である入会地における領主の権
利を否定する慣習法を作ったり、税の免除を訴えることもあった。だが、
農民評議会は円滑な農村運営のために領主自身も推奨しており、農民との
関係も憎悪をもたらすまでには至っていない。それらが爆発するのは、領
主の権力が没落し略奪や重税が横行するようになってからである。

時代と共に変遷した農民の身分

農民とは？

自らの土地を所有し、自由権を持つ人々のこと。
土地を持たず、主人に管理される農奴とは区別される。

農民の出自の一例
- ローマ帝国以来の富豪。
- 開墾で土地を得た解放農奴。
- 元騎士などの没落貴族。

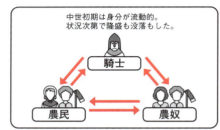

中世初期は身分が流動的。
状況次第で隆盛も没落もした。

封建制度の確立。
農民の私闘権、
武装権の剥奪。

農民の身分が固定化。
身分の壁を越えることは難しい状況になっていく！

農民に与えられた自治権

●小教区（教会による地域区分）
農民 ←結束→ 農民
評議会を結成！

評議会が行う主な仕事
- 農業、開墾の計画。
- 道路や堤防の保全。
- 慣習法による裁判。

などの農村の運営を主導

領主

円滑な農村運営のために多少のマイナス
はあっても自治を推奨！

評議会

- 領主が入会地（農村の共用地）を利用
  することを禁じる慣習法を作成。
- 免税を訴える。

しかし、時代が下ると利益を求める
領主との関係は著しく悪化する。

関連項目

- 農奴→No.026
- 共用地→No.040
- 領主→No.091
- 騎士→No.092

No.026

農奴

農奴は、自由民としての権限を持たない農民である。彼らはさまざまな規制と労働を強いられたが、不自由ばかりの存在でもなかった。

●権限なき労働の民

　農奴と呼ばれる人々は自らの土地を所有せず、他者から与えられた土地で耕作を行う人々である。彼らは領主や聖職者、あるいは地主から土地を与えられ、その代わりに得られた作物を納め、労働力を提供する。土地に縛りつけられた存在で、勝手に離れることも許されない。しかし、奴隷ほどには虐げられてはおらず、ある程度の権利や自由は保障されていた。

　農奴は基本的には、労働力以外の何も所持をしていない。彼らには法的な権利は存在せず、武装する権限も持たなかった。彼らは不自由民であるから王の定めた正規の裁判所で裁かれることはなく、自分たちの主人である領主の荘園裁判所で任意に裁かれる。法的な権利を持たないことから結婚、相続についても許可が求められ、一定額の金銭や家畜の中で一番上等なものを納入させられた。貴重な労働力であるから、聖職者となって教会法の庇護下に入ることも、俗世と関係を絶つことも許されない。さらに、自分に割り当てられた土地の耕作以外にも領主や主のために、彼らの直営地を耕作したり、さまざまな雑務をこなさなければならなかった。

　だが、農奴の義務と権利には、時代や地域によってかなりの差異がある。たとえば貨幣経済が発展した13世紀以降の農奴は、労働の代わりに金銭を支払ってそれを逃れることができた。また、農奴は土地に縛られた存在であるが、その土地を主が勝手に奪うこともありえなかった。領主や土地所有者の生活は農奴の労働の上に成り立っており、彼らが逃亡したり反旗を翻せば、自らの損害に繋がるからである。だから、農奴といえども彼らの耕作する土地は慣習的に世襲で引き継がれ、豊かなものは大きな家屋敷で暮らすこともできた。そのため、わずかな土地しか持たない自由民でいるよりは、広い土地を耕す農奴を選ぶ農民たちもいた。

多数の制約に縛られていた農奴

農奴とは？

自分の土地を所持せず、他者の土地を耕作する人々。
耕作する土地に付随した存在であり、さまざまな権利が抑制されている。

農奴に課せられた制約

- 土地を所持できない。
- 武装権を持たない。
- 正規の国王裁判に出席できず、領主の荘園裁判で裁かれる。
- 結婚、相続についても領主の許可と納税が必要。
- 割り当てられた土地から離れることができない。
- 土地を離れられないので、出家して聖職者になることもできない。

農奴の義務と権利

土地の世襲、家屋敷の所持を認める。
（反乱や逃亡による労働力の減少を恐れたため）

領主の元、広大な　　所有する小さな土
土地家屋敷で労働。　　地と家屋敷で労働。

このような状況から、あえて
農奴の身分を選ぶ人々もいた。

農奴に課せられた制約

- 自分の所持する農地の耕作。
- 領主の直営地の耕作。
- 領主の土地での賦役。
- その他、臨時労働や徴税。

13世紀以降になると、地方によっては賦役を金銭で免除される
などの、労働条件の改善も見られた。

関連項目

- 農民→No.025
- 聖職者→No.079
- 領主→No.091

No.027

牧人

土地に縛り付けられた農民たちは、自由に村を離れることはできなかった。そこで彼らは専門の牧人を雇い、家畜の放牧を行っている。

●孤独な生活を送る牧人

　古来農村では、家畜の飼育も農民の大事な仕事であった。しかし、大規模な放牧、特に地中海沿岸やアルプスで行われた長期にわたる移動放牧となると、耕作を行わねばならない農民たちの手に余るものであった。また、14世紀末には、領主や商人先導による大規模な移動放牧業者も生まれている。彼らは専門の牧人を雇い入れ、家畜の世話を任せていた。

　牧人と一括りにされるものの、彼らが扱う動物は多様であり、羊飼い、豚飼い、牛飼い、山羊飼いなどがいる。彼らは元来農村出身者であったが、民間治療や呪いに通じた異教的存在とみなされ、共同体の一員としての定住は望まれていなかった。そのため、4年以上同じ村落で雇用されることは少ない。村落で雇われる場合は、複数の家の家畜を一度に面倒を見ることが多かった。雇われた牧人は歓待の宴会の後で角笛と牧杖を与えられ、家畜の育成とその安全に全力を尽くすことを誓わされる。仕事の始まりは、復活祭の行われる春先だった。この仕事始めは古来からの牧人たちの祝祭であり、一斉に放牧をして一番最初に牧草地にたどり着いた動物や、しんがりの動物が祝福を与えられるなど盛大な祭りが行われる。その後、牧人たちは長く孤独な放浪生活へと入っていった。この放浪生活の中で、最も恐ろしいのが狼である。多数の家畜を管理する牧人1人で狼を退けることは難しく、また自身が犠牲になる危険すらあった。そのため、狼による損害は損害として数えなかった。しかし、家畜が他人の畑や森を荒らしたり、怪我や病となればその責任を問われる。こうした問題に対処するために、牧人は民間伝承的な医療に通じていた。冬に入ると牧人は村に帰り、客人としての歓待と報酬を受け取った。それで足りなければ農家を回って、来年の家畜の健康を願うハシバミの枝を配る呪いをして収入を得ている。

62

牧人を取り巻く環境

牧人とは？

長期の大規模放牧に従事する人々。元々は農村の住人。
民間医療、呪いに通じた異教的存在と考えられた。

必要な存在ではあるものの
定住を望まない。
雇用は大抵4年未満。

大規模な移動放牧業者を組織！

●主な牧人の種類
・羊飼い ・牛飼い
・豚飼い ・山羊飼い

牧人の仕事内容

春先
(復活祭)

歓待、角笛と牧杖を与える。
家畜の育成と安全に全力を尽くすことを誓う！

祝祭！ 一斉に放牧。牧草地に一番乗りした家畜、最後の家畜が祝福を受ける！

仕事上の諸注意

他人の田畑への被害、家畜の病気、怪我は牧人による損害扱い。

そのため……

牧人は民間伝承的医療技術に通じている！

狼による損害は損害として数えない。

冬

歓待、報酬を支払う。
家畜の安全を願うハシバミの枝を配ることで更なる報酬を得ることもある。

関連項目

●農村の暮らし→No.028　　●家畜→No.034

No.028

農村の暮らし

今も昔も農業は、休みのない労働と季節と向き合う職業である。中世におけるそれも変わらないが、農民は切実な祈りと共にあった。

●移ろう季節と共に歩んだ労働の日々

　農村での暮らしは、当時の農業のスケジューリングや農民の教育、記録のために残された歳時暦、あるいは農事暦によって知ることができる。これは、農民たちの1年の暮らしを1箇月ごとに絵画として表したもので、当時の農業の手法や道具について知るための貴重な資料となっている。ここに記された農民の生活には当然ながら地域の気候、産物、記録者の主張によって差異が見られる。しかし、大体において農民の生活は次のような流れで進んでいった。

　1年の農業は、2月末から3月にかけての犂入れから始まる。農民たちは犂に十字架をかけ、吉日を選んで一斉に作業を始めた。信心深い彼らは、この大事な作業にさまざまなしきたりを設け、豊かな実りを祈っている。種蒔きも神聖な儀式であり、祈りの言葉を唱えたり最初の種を十字架の形に蒔くこともあった。春蒔きの穀物の収穫の季節は7月から8月にかけてで、ごく初期には小型の鎌で、ペストで人口が減少した中世後期には牧草用の大型の鎌で一気に刈り入れた。刈り入れられた穀物は、から竿で打って脱穀を行う。刈り入れは農民たちにとっての最大の喜びであった。であるから、刈り入れの際にもさまざまな儀式が行われ、それが済めば盛大な収穫祭が開かれた。9月には果樹園の果物を収穫し、10月から11月にかけて秋蒔きの穀物を再び植えた。ぶどう酒などの仕込みや麻打ちを行う地域もある。冬の寒さが厳しくなる12月には、肥育した家畜を屠りソーセージや塩漬けに加工して春までの蓄えとする。12月から1月にかけては祭りの季節でもあった。クリスマスやイエス御公現の日などにぎやかな祭りが続く。祭日も一段落した2月は辛抱の季節である。少ない食料をやりくりしながら四旬節の断食に耐え、復活祭とそれに続く春の訪れを待った。

農民たちの1年

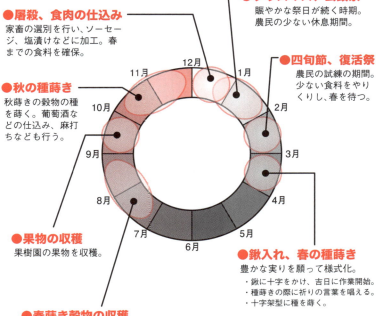

●屠殺、食肉の仕込み
家畜の選別を行い、ソーセージ、塩漬けなどに加工。春までの食料を確保。

●秋の種蒔き
秋蒔きの穀物の種を蒔く。葡萄酒などの仕込み、麻打ちなども行う。

●クリスマス、公顕祭
賑やかな祭日が続く時期。農民の少ない休息期間。

●四旬節、復活祭
農民の試練の期間。少ない食料をやりくりし、春を待つ。

●果物の収穫
果樹園の果物を収穫。

●鍬入れ、春の種蒔き
豊かな実りを願って様式化。
・鍬に十字をかけ、吉日に作業開始。
・種蒔きの際に祈りの言葉を唱える。
・十字架型に種を蒔く。

●春蒔き穀物の収穫
刈り入れ、脱穀、収穫後の儀式の後に盛大な収穫祭が行われる。農民たち最大の喜び。
・初期の刈り入れは小型の鎌。
・中世後期は刈り入れ大型の鎌。

中世ヨーロッパの農民の生活は、歳時記、農事歴と呼ばれる1箇月ごとに区切られた絵画に残されている。字の読めない人々にとって、絵画は分かりやすい基準となった。

関連項目

●農民→No.025
●中世の農法と農産物→No.029
●家畜→No.034

No.029
中世の農法と農産物

古代の帝国が滅び、奴隷による大規模農法が失われた後、農村の人々はさまざまな技術の革新で労働力を補い、農作物を増産していった。

●鉄器によって切り開かれた農地

　中世は農業においてさまざまな革新がもたらされた時代であった。まず、比較的容易に鉄器を使えるようになったことが挙げられる。鉄製の斧やノコギリはそれまで困難を極めた農地の開墾を容易にし、鉄製の農具は固く乾いた大地を突き崩すことができた。

　この鉄を用いた農具の中でも牛や馬に引かせる犂の改良は、中世農業における最大の発明と言われる。鉄製の犂刃は木製の刃より深く地面に食い込み、湿った土を掘り起こした。また、家畜の息が苦しくならないように肩に引き綱を繋ぐ肩掛け牽綱、力が分散しづらい縦列繋駕法など、運用面での見直しも行われている。しかし、これらの運用はヨーロッパ北部が主で南部では軽量の木製犂が用いられることが多かった。

　農法としての革新は、三圃式の浸透である。当時のヨーロッパでは土壌回復の手段が乏しく、畑にマールと呼ばれる肥沃な泥灰土や家畜の糞を撒くか、土地を休ませるしかなかった。そのため耕作地を二分して、片方にだけ作物を植える二圃式の農法を取らざるを得なかった。だが、耕作地を三等分にして、第一区画に冬物の穀類を、第二区画に夏物の穀類を蒔き、第三区画を家畜の放牧をして休ませ、順繰りに土地を使っていく三圃式はそれまでよりはるかに効率良く収穫を得ることができたのである。また、農民同士が協力し、同じ作物を植えねばならないこれらの方式は、農民たちの結束を生み、より組織立った農業を可能とした。

　当時の主な農産物は小麦、スペルト麦、ライ麦、夏物の大麦、オート麦、エンドウ豆などの豆類である。また、衣類を織るための麻や亜麻、野菜類も個人の庭で栽培された。地方によっては、ワインのため大規模なぶどう棚も設けられている。だが、これはあくまで領主のためのものだった。

農機具の発展

農地を得るには硬い大地を開墾しなければならない！

Point1 鉄製農具が広まる。

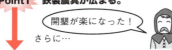
開墾が楽になった！

さらに…

Point2 牛馬の力を効率よく使える犂の改良！

鉄製重量犂
主にヨーロッパ北部で使用。

肩掛け牽綱
首が絞まらないので負担が軽減。

縦列繋駕法
力が分散せず、効率がいい。

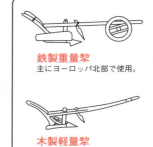

木製軽量犂
主にヨーロッパ南部で使用。

農法の革新

ヨーロッパの土地は痩せていて回復手段に乏しい！

主な作物

穀物、豆類
・秋蒔き小麦　・オート麦
・ライ麦　　　・スペルト麦
・春蒔き大麦　・エンドウ豆

繊維、染料
・麻　　・茜
・亜麻

その他
・野菜類　・葡萄
・オリーブ

そこで……。

● 二圃式

1年ごとに交代。
休作地 ⇔ 耕作地

泥灰土（マール）や家畜の糞を混ぜる。

農法が革新！

● 三圃式

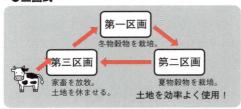

第一区画
冬物穀物を栽培。

第三区画
家畜を放牧。
土地を休ませる。

第二区画
夏物穀物を栽培。
土地を効率よく使用！

農民

三圃式農業は、同じ作物を協力して栽培する。
ここから組織的農業が可能に！

関連項目

● 農民→No.025
● 共用地→No.040
● 開墾→No.044
● 領主→No.091

No.030

農村の住居

中世世界の農村の住人たちの家は、彼らの財力や立場に見合った、さほどの手間をかけずに建てられる簡素なものだった。

●粗末ながらも実用に沿った小さな家

　中世における農村の家屋は、ごく簡素なものである。形状は平屋の長方形が一般的で幅6m、奥行き3m程度、大きいもので幅10数m程度が多い。

　これらの家屋はしっかりとした基礎もないものが大半で、地面に直接柱を打ち込んでいた。壁は柳などの小枝を編みこんだものに漆喰や泥やワラ、牛糞を混ぜ込んだものを塗りつけたものを用いる。石材が豊富な地域では、代わりに小石を積み上げて壁とした。屋根はワラ葺きやカヤ葺き、あるいはこけらを貼る。床は土を突き固めるか粘土で覆った程度のもので、上にイグサを敷き詰めた。扉には金属製の蝶番などはなく、革紐で板や枝を編んだものを縛りつけるか、革や布を吊るしてその代わりにしている。

　家屋の部屋割りはさまざまだが、炉を設けた居間と小さな寝室の2室のものが多い。また、牧畜が盛んな地域では、家畜小屋を家屋の中に組み込んだものもあった。豊かな農民の家屋は、より大きく部屋数も増える。13世紀以降になると、長方形の母屋を中心に中庭を囲むようにして高床式の倉庫や家畜小屋を配置し、ある種の農場を構築する富農も現れた。それほど豊かでない農民たちでも、庭には菜園を設け、家畜や家禽を育てている。しかし、大変貧しい農民は1室のみの単純な家屋で暮らしていた。

　家屋の中心となる照明と暖房を兼ねた炉は囲炉裏のような開放式で、排煙は屋根にある排煙口から行う。今日よく知られる煙突を備えた暖炉は、12世紀以降に裕福な層を中心に広まった。

　このような家であるから、農民たちが所持していた財産は少ない。貴重品を入れる細長い箱チェスト（寝床や椅子としても使われた）、鍋、杯やスープを入れる鉢、スプーン、椅子や折りたたみ式のテーブル、毛布、ワラのマットレス、そして貴重な鉄製の農具くらいであった。

一般的な農村の家屋

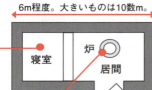

- ワラ葺き、カヤ葺き、こけら葺きなど。
- 床は突き固めた土か粘土。上にイグサを敷き詰める。
- 6m程度。大きいものは10数m。
- 寝室／炉／居間
- 基礎はなく、柱は直接地面に打ち込む。
- 石材が豊富な地域では石を積んで作る。
- 開放型の炉。照明、暖房器具、調理器具兼用。煙突と繋がった暖炉が登場するのは12世紀以降。
- 金属製の蝶番はなく、革紐などで固定。布や革を垂らすだけのことも多い。
- 壁は小枝を編みこんだ下地に漆喰、泥、藁、牛糞などを混ぜたものを塗る。

さまざまな家と農民の持ち物

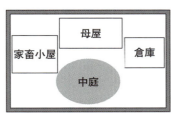

13世紀頃の富農の家の構成

放牧が盛んな地域の家
家に家畜小屋が組み込まれている。

農村住民の主な私有財産

- 細長い箱チェスト（貴重品入れ、寝床や椅子としても使用）。
- 鍋（主に調理用）。
- 杯、鉢、スプーンなどの食器。
- 折りたたみ式テーブル。
- 椅子（初期は不安定な場でも使える3脚、後に4脚）
- 毛布、ワラのマットレスなどの寝具。
- 鉄製の農具（貴重品）。

貧しい農民の家
部屋は1室のみで質素。

関連項目

●家畜→No.034

No.031
農村の施設

農民たちの暮らす農村は、緑に囲まれたのどかな場所をイメージしがちである。しかし、危険の多い時代には自衛の手段を講じていた。

●防衛施設も備えた身構えた村落

　中世の農村は時代や地域によりさまざまな形を有しており、特定の形に定義することは難しい。しかし、現在いくつかの形がその分類として知られている。10世紀に多く見られたインカステラメントと呼ばれる集落は、戦乱から逃れるため、丘陵地の城砦を中心に密生した家屋を城壁が取り囲んでいた。12世紀に入り、集団的農法が確立されると人口も増加し、集村と呼ばれる大規模な村落が生まれる。塊村と呼ばれる集落は、村落区内に不規則に家屋が立ち並び、その中に教会などの重要な施設も混在している。一方、広場村は楕円形の広場と教会を中心に、家屋が集まった規則的な姿をしていた。街道村はその名の通り大きな街道を中心としている。これらの集落はその周囲を共同農地や果樹園、ぶどう棚が囲んでいた。また、複数の中心地を持つなど複合的な要素を持つ村落も見られる。

　これらの農村は村落が所属する小教区の教会、共同墓地、領主の館マナーハウスなどと共に住居が立ち並んでいる。教会は祈りの場であり、教育の場、集会所としても機能した。また、教会の鐘は時報となるだけでなく、外敵からの襲撃を伝える警鐘ともなり、教会自体も避難所となる。古くからある共同墓地も同様の機能を持つ。マナーハウスは荘園となっている農村の中心であり、領主訪問時の宿泊先になる他、倉庫、裁判所、牢獄、避難所としても扱われた。広場村であれば、中央に広場があり村長の家や居酒屋が併設されている。村人はここで集会を行ったり、時には家畜小屋に収まりきらない家畜を収容した。井戸や村落近くの水汲み場は、主婦たちの社交の場である。河川近くには水車小屋もあり、粉挽きが暮らしていた。共有のかまどもパン焼き用、鍛冶仕事用と所定の場所にいくつか設けられている。この他にも、共同の家畜の囲い場、さらし台などがあった。

さまざまな農村

中世の農村には年代、地域ごとにさまざまな
種類があり、その形状は一定ではない。

インカステラメント
・丘の上の城を中心に住宅が密生する。
・周囲は城壁に囲まれている。

広場村
・広場を中心に家屋が集まる。
・周囲には共同耕作地が広がる。

塊村
・村の中心に家屋が密生している。
・教会などもその中に混在している。

街道村
・街道を中心として家屋が立ち並ぶ。
・共同耕作地はその周囲にある。

農村の施設

農村は主に教区教会やマナーハウスを中心に
村落を形成している。

●農村の施設（概念図）

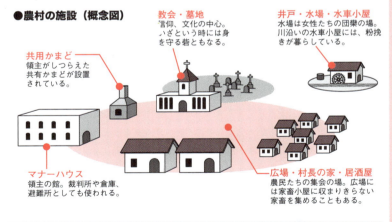

教会・墓地
信仰、文化の中心。
いざという時には身を守る砦ともなる。

井戸・水場・水車小屋
水場は女性たちの団欒の場。
川沿いの水車小屋には、粉挽きが暮らしている。

共用かまど
領主がしつらえた
共有かまどが設置
されている。

マナーハウス
領主の館。裁判所や倉庫、
避難所としても使われる。

広場・村長の家・居酒屋
農民たちの集会の場。広場に
は家畜小屋に収まりきらない
家畜を集めることもある。

関連項目

- ●荘園制度→No.022
- ●水車小屋→No.032
- ●居酒屋→No.035
- ●共用地→No.040
- ●教会と修道院の施設→No.081
- ●城砦と王宮→No.098

No.032

水車小屋

流れる小川のほとりに建つ水車小屋は牧歌的な風情を持つ。しかし、そこは農民たちにとって、怒りと恐れの象徴でもあった。

●使用を義務付けられていた便利な道具

　水車や風車は動力や人材が限られていた中世世界において、非常に重要な装置であった。その用途は主に、臼と連結して穀物の脱穀、製粉をすることであったが、この他にも染料や鉱石をすり潰したり、羊毛を叩いてフェルトに加工したりするなど、さまざまな用途で用いられている。

　水車は古代ローマの時代からすでに存在していたが、それらが広く普及したのは11世紀から12世紀にかけてのことだった。また、風車も11世紀にトレドで発明されたのを皮切りに、各地で使用されるようになっていく。流れる水の力を動力に変え、利用することができる水車は、作業にかかる人員を大幅に削減し、その効率自体も著しく向上させた。だが、設置や整備に莫大な費用がかかる水車は大抵領主や土地の有力者の所有物であり、利用するためには彼らに報酬を支払わなければならなかった。また領主たちは徴税のために水車の使用を強制しており、農民たちは古くからの手引き臼を使う権利すらも奪われていた。

　この水車が設置された水車小屋を管理していたのが、穀物を製粉する粉挽きである。彼らは領主によって雇われた職人であり、限定的ではあるが裁判権も与えられていた。また、漁業権や居酒屋を営む権利なども与えられている。水車小屋自体も一種の特別区として扱われており、略奪を防ぐための堅牢な建物に農地や果樹園、さらには絞首台なども付属していた。

　粉を挽くたびに料金を徴収され、量をごまかされることも多かった農民たちは、よそ者である粉挽きたちを憎んでいた。また、賤民である刑吏とも交流のある粉挽きに対して、恐怖心も抱いていたという。このため、農民たちは水車小屋をある種の異界とみなしており、民話の中で粉挽きの妻が美しくも怪しげな魔女として扱われることもしばしばであった。

水車、風車と民衆

水車、風車とは？

11〜12世紀頃から盛んに用いられるようになった、水力、風力を動力とした装置。水車自体は古代ローマの頃から存在していた。

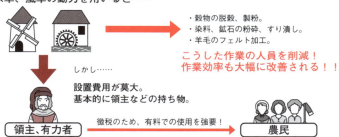

水車小屋の権力者

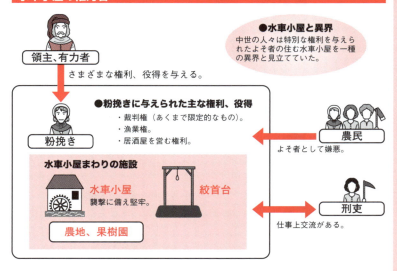

関連項目

●居酒屋→No.035　　●領主→No.091
●刑吏→No.053

No.033
かまどとパン

中世ヨーロッパにおいて、パンは日々を生きるための糧であった。しかし、各家庭で自由に焼けるものではなく、さまざまな制約があった。

●家庭の味ではなかったパン

　中世世界の領主たちは、限られた領土からできるだけ多くの収益を得るべくさまざまな手段を用いていた。そのため彼らは領民の日常におけるもろもろの行為を制限し、課税対象としている。農民たちの日々の糧であるパンを焼くかまどを指定し税を徴収したことも、そうした工夫の1つだった。古来、パンは家庭の主婦が焼くもので、家庭用のかまどもごく小さい粘土製のものが主流だった。しかし、スラブ圏のサウナや寝床としても使える大型のかまどが普及するにつれ、かまどの設置や所持は個人では難しくなっていく。領主たちは、こうした大型のかまどに目をつけたのだ。

　領主のかまどは村落内にいくつか設置されていたが、報酬を払えば自由に使えるわけではなかった。それぞれに専門のパン職人がついており、彼らに依頼してパンを焼いてもらわなければならない。彼らは領主に雇われた職人で、同じく領主に雇われた粉挽き職人と似た立場にあった。

　パン焼きをしてもらう工程も複雑である。パン屋に粉を渡す場合もあれば、農民がパン職人から酵母とこね桶を借り、自ら粉をこねて引き渡すこともある。さらに、燃料も自分で提供しなければならなかった。パン職人への報酬は、焼かれたパンの中から所定の数のパンを支払う。このため農民は、パン職人が粉を横領してパンを小さく作ったり、報酬分のパンを不自然に大きく作ったりしないように監視しなければならなかった。また、これらの手間と料金を嫌い、隠れて自分たちでパンを焼く農民たちもいた。

　一方、都市のパン職人は、ギルドに所属する商業的な職人である。彼らは市当局に管理されており、金銭で一定品質のパンを市民に供給する。プライドの高い技術職であり、農村的な賃貸業のパン屋を蔑視していた。しかし、野暮ったいが量が多い農村のパンは、貧しい市民に好まれていた。

領主のためのかまど政策

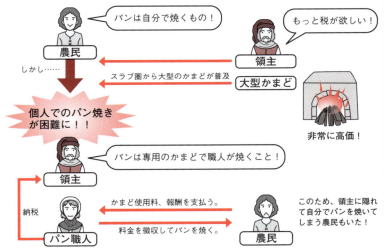

パン焼き依頼と町の職人

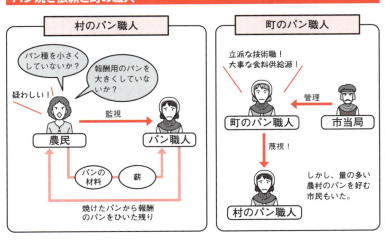

関連項目

- 水車小屋→No.032
- 同業者組合制度→No.067
- 領主→No.091

No.034

家畜

家畜は中世世界の人たちにとって、貴重な財産である。彼らは労働力であり、食料であり、金銭を生む特産物ともなりえた。

●生活に欠かすことができない動物たち

　家畜は中世世界において、非常に重要な存在である。家畜は機械的な動力源を持たない人々にとって、人力以外の貴重な労働力であった。また、食物の保存手段が乏しかった中世では、家畜は生きた貯蔵庫でもある。家畜を生かしておいて必要な時に潰せば、新鮮な肉を食べることができた。

　農村で主に飼われていた家畜には、犂を引かせるための雄牛や馬、運搬用のロバやラバといった労働用の家畜、そして乳を得るための雌牛、毛と肉を得るための羊、肉と乳を得るための山羊、食用の豚、卵と肉を得るための鶏、家鴨、ガチョウ、鳩などがいる。

　家畜小屋は裕福な農民であれば独立したものを使っていたが、大半の農家では家の中に家畜のための部屋が組み込まれていた。朝になると農夫たちは家畜を放牧地や牧草地、あるいは休耕地へと連れて行き、夜になると家畜小屋へと連れ帰る。ここで排泄される家畜たちの糞は、貴重な肥料となった。地中海沿岸や山岳地帯では、夏になると専門の牧人によって牛、羊、山羊などの長期の移動放牧が行われている。秋になると農民たちは、豚を森へ放つ。豚たちはここでどんぐりをたらふく食べ肥え太る。この豚の放牧は自由に行えたわけでなく、森林所有者に賃貸料を支払った。

　12月に入ると農民たちは家畜を選別し、養える分以外のものを屠殺して塩漬けにして冬の食物とした。これは、冬の間に人間が食べる食物が乏しかっただけでなく、家畜を養うだけの飼料も不足していたからである。

　労働用の動物や乳牛は貴重な存在だったので、食肉にはされない。乳牛から絞られた乳は保存のためにチーズやバターにされ、乳清は飲用にされた。しかし、時代が経つに連れ牛も食肉とされるようになり、それまで主に食べられていた豚に並ぶほどに消費されるようになっている。

農家にとっての家畜の意味

中世ヨーロッパ人にとって家畜は……

貴重な労働力！

機械的動力に乏しいため。

●犂などを引かせる家畜
- 牛
- 馬

●運搬用の家畜
- ロバ
- ラバ

生きた食糧貯蔵庫！

現在のような保存技術がないため。

●乳を得るための家畜
- 雌牛

●肉と乳を得るための家畜
- 山羊
- 食用豚

●毛と肉を得るための家畜
- 羊

●肉と卵を得るための家畜
- 鶏
- 家鴨
- ガチョウ
- 鳩

裕福な農家では

家屋と家畜小屋は別！

普通の農家では

家屋に家畜部屋が組み込まれている！！

家畜の肥育と冬の蓄え

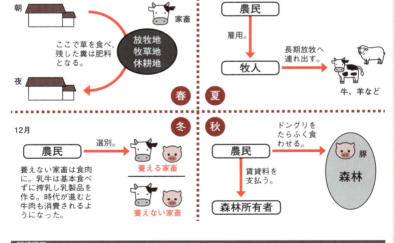

朝／ここで草を食べ、残した糞は肥料となる。／夜／放牧地 牧草地 休耕地／家畜／春

農民／雇用。／牧人／長期放牧へ連れ出す。／牛、羊など／夏

12月／農民／選別。／養える家畜／養えない家畜／養えない家畜は食肉に。乳牛は基本食べずに搾乳し乳製品を作る。時代が進むと牛肉も消費されるようになった。／冬

農民／賃貸料を支払う。／森林所有者／ドングリをたらふく食わせる。／豚／森林／秋

関連項目

●牧人→No.027　　●農村の住居→No.030

No.035
居酒屋

居酒屋は農村や都市における娯楽の中心で、さまざまな思想の人々が集う集会の場であった。人々はここでさまざまなことを語り合った。

●反乱の気運を高める娯楽と集会の場

　農村部の居酒屋は、都市の居酒屋が娯楽の殿堂であったのに対し、コミュニティの中心であり、外部との窓口ともなる重要な施設である。

　居酒屋は通常村落の中央にあり、宿も兼ねた大きな建物だった。母屋の他にも旅人の馬を繋ぐ厩舎、交易商人のための倉庫を備えており、庭には菜園や小さな牧地もある。居酒屋は日々の疲れを癒すために農民が通う他、集会場や酒宴の場、結婚披露宴の会場としても使われた。賭博の場でもあり、主人は使用料を取ってさいころや明かりを貸した。出される酒は、主にビールやエールである。酒の入手先は国ごとに異なり、醸造権が厳しく制限されていた神聖ローマ帝国では領主の醸造所から買うことが多い。さらにビール以外にもワインや蜂蜜酒ミード、肉類や乳製品、穀類などの食品から農機具などの鉄製品も扱っており、市場が開催されていない時期の雑貨屋としての役割も持つ。また、簡易裁判所としても使われた。

　居酒屋は富農が多く、資産家だった。彼らは領主から許可を受け、一定の手数料を支払い営業している。一方、違法な居酒屋を営むものもいた。

　飲兵衛たちが集う居酒屋は、自然と日々の不満や噂話を語り合う場にもなった。しかも、宿泊客からはさまざまな外部の情報が入ってくる。そのため、居酒屋は反乱分子の集会の場ともなりえた。これを警戒した領主は、居酒屋の主人に農民や旅人の様子を逐一報告させている。もし、日没後も酒場に居座る農民がいたり、治安に都合の悪い旅人を泊まらせれば、居酒屋の主人は高額の罰金を支払わなければならなかった。また、厳しく接する一方で、ビールの醸造権を与えたり居酒屋開設の権利を独占させるなど、優遇措置を与えて懐柔しようとしている。しかし、領主の手先となる居酒屋ばかりでなく、客と共に反乱の先頭に立つものたちも少なくなかった。

さまざまな役割を担う農村の居酒屋

農村での居酒屋の役割

旅人たちには
・宿泊所。
・商品を一時的に預ける倉庫。
・厩舎。

農民たちには
・農民たちの飲酒の場。
・集会場。
・酒宴会場。
・結婚披露宴の場。
・賭博の場。
・雑貨屋。
・簡易裁判所。

一般的な農村の居酒屋

これらの役割を兼ね備える居酒屋は大きな建物で、農村の中心にあった。店主は富農が多い。

主な酒類

ビール　　エール

この他にも、ワインや蜂蜜酒も。酒類は醸造権を持たない場合、領主から買う。

不穏分子の集会場でもあった居酒屋

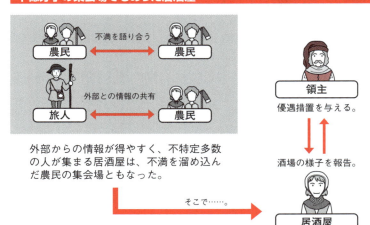

外部からの情報が得やすく、不特定多数の人が集まる居酒屋は、不満を溜め込んだ農民の集会場ともなった。

そこで……。

領主 — 優遇措置を与える。
居酒屋 — 酒場の様子を報告。

関連項目

●商人→No.051
●市場→No.066
●街道の宿屋→No.073
●領主→No.091

No.036
農村の食事

中世の城や都市の食糧事情を支えた農村。しかし、そこに住む人々が得られた食事は、簡素で貧しいものにすぎなかった。

●固いパンをスープに浸して食べる生活

　中世世界における重要な食料供給地であったにもかかわらず、農村の住人たちの食事は豊かなものとは言えなかった。貴重な小麦は徴税や現金収入のために消費され、翌年の種籾も保存する必要があったからである。

　農村の住人たちの主な食料はパンである。彼らはこれらを毎日大量に食べた。パンは領主指定のかまどで使用料を払って焼いてもらうため、大きくて簡素な丸いパンを必要な分一度に焼く。使う麦もライ麦やオート麦のような商品価値が低いものだった。この硬く黒いパンを長い間かけて食べるので、パンは次第にしなびていく。そこで、人々はこれをわずかなベーコンや脂身を入れたエンドウ豆のスープに浸して柔らかくして食べていた。パンすら食べられない人々は粥が主食となる。これらは粉に挽く必要がなく、その分水車小屋に持ち込む手数料や目減りの心配がなかった。

　二次的な作物として、あるいは個人所有の菜園で作られる野菜も重要な食料である。主な作物はエンドウ豆やソラ豆のような豆類、キャベツ、レタス、タマネギ、ニンジン、カブ、ニンニクなどである。特に豆類は日常的に肉を消費できない農民の貴重な蛋白源であり、粥やスープの具材として重宝されていた。パセリやショウガ、カラシなどのスパイス、ハーブなども、味気ない食事にアクセントを加える調味料として育てられている。

　肉類は羊、豚、家禽などを主に食べた。特に豚は冬の間の貴重な食料で、秋に森で肥育したものを12月にしめ、ベーコンやハム、リエット(塩漬け脂身)などに加工している。家禽の卵も貴重な蛋白源だった。牛は貴重な労働力なので、絞ったミルクをチーズにしたり、乳清を飲用にした。酒類は飲用に適した水の少ないヨーロッパでは水代わりに飲まれていたが、当時の保存技術は低く、すっぱくかび臭いワインやエールが多かった。

80

農民の主食だったパン

パンは当時の農民の主食。
彼らはこれを大量に食べた。

●材料
　ライ麦、オート麦などの安い穀物
●形状
　大きく、黒く、丸く、硬い

パンは一度に焼いてもらってしばらく食べ繋ぐのでしなびてくる。
しなびたパンは、そら豆とベーコンなどのスープに浸して食べる。

●パンの入手

安く済ませたい！

農民

一度に沢山焼いてもらう。→
←かまどの使用ごとに料金を徴収。

パン職人

←かまどの使用を指定。

領主

農民を取り巻く食糧事情

農村は中世における最大の食料供給地であったが、そこに住む人々の食事は決して豊かなものではなかった。

●豆類
日常の貴重な蛋白源。エンドウ豆、ソラ豆など。

●野菜
菜園で育てた野菜。キャベツ、レタス、ニンジン、カブ、ニンニクなど。

農民

●飲料
水の悪い地域では、酒類や乳清を飲んだ。酒はエールやワインだが質は悪い。

●スパイス・ハーブ
味気ない食事を美味しく食べるための調味料。パセリ、ショウガ、カラシなど。

●粥
貧しい農民は粥を食べる。粉を挽く料金を払う必要がなく、目減りもしない。

●乳製品
乳は保存用に加工した。チーズやバターなど。

●肉類
羊や家禽などが多い。中でも豚は冬の間の貴重な食料となる。ベーコン、ハム、リエットなどに加工して保存した。

関連項目

●かまどとパン→No.033　　　●家畜→No.034

No.037

農民の衣服

中世世界の農民たちは搾取される存在であった。彼らの持つ財産はあまりにも少なく、衣類もその例外ではない。

●貧しさだけでなく法的にも規制された衣類

　中世の農民たちは、基本的に最低限の衣服しか持っていない。また、貴族や市民たちの衣服が、流行に合わせめまぐるしく変化したのに対し、農民たちのそれは中世という時代を通して大きな変化を持たなかった。

　農民たちの服は基本的に作業着であり、日常で用いる普段着でもある。そのため、貴族たちのように長く、邪魔になるような布を用いていない。また、用いる余裕もなかった。男性の服は長袖の丈の短いチュニックが基本で、腰の部分を紐で縛っている。それにズボンをはくか、タイツ状の靴下をはいた。頭は頭巾か帽子で覆う。靴は農民靴と呼ばれる分厚い底を持ち、長い革紐で足首の部分を縛る革のブーツを履く。ゲートルを巻いたり、裸足のこともあった。女性は長袖の下着の上に、ガウンや袖なしのチュニックを着て、腰の部分を紐で縛る。頭には頭巾やスカーフをかぶった。靴は布製か皮製で、必要なら木の靴底を付ける。また双方、冬場には丈の長い外套やマントを身につけた。作業用の長いエプロンなどをつける場合もある。これらの衣類の素材は毛織物や亜麻布製が多く、自家製のものも多い。

　農民は貧しい生活の中、質素な服を長く大事に使った。しかし裕福な農民の中には、毛皮で縁取りした豪華な衣服を持つものもいた。また、よほど貧しいものでなければ、親から子に伝えられる豪華な一張羅を持ち、祭日や式典などの際に着用している。しかし、彼らの衣服は財政的な制限だけでなく、支配者から制限を受けることもあった。たとえば、1244年にバイエルンで出された平和令では、農民は衣服を灰色の安価なものにするよう指定されている。また、普段の外出では犁と短剣の携帯しか許されず、長剣の携帯は家長が教会に行く時のみ許された。しかし、すべての農民がこうした指示に従ったわけではない。彼らにも矜持があったのである。

農民の男女の一般的な衣服

中世の農民の衣服は、簡素で時代による変化に乏しいものであった。

- 寒い時はマントや外套を羽織った。作業エプロンをつけることもある。
- 頭は帽子や頭巾で覆っている。
- 上着は長袖の丈の短いチュニック。
- 腰には帯代わりの紐を巻く。
- 下半身はズボンや、短いタイツなどをはく。
- 靴は分厚い底を持ち、足首を紐で結ぶ農民靴を履く。

農民の男性

- 頭は頭巾やスカーフで覆う。
- 長袖の下着に、袖なしのチュニックやガウンを重ねる。
- 腰には帯代わりの紐を巻く。
- 靴は布や革の短い靴で、必要に応じて木の靴底を付ける。

農民の女性

農民の衣服を取りまく事情

領主 ↑従わない！ ↓規制！ 農民

派手な装いをする農民

- 農民の衣服は、毛織物や亜麻製が主流。
- 貧しい農民たちは、自家製の衣類を大事につくろって着続けた。
- 親から伝えられる豪華な晴れ着なども持つこともある。
- 裕福な農民の中には、毛皮で縁取られた衣服を身につけるものもいた。

しかし、経済状況だけでなく支配者による命令により、服装が規正される場合もあった！

関連項目

● 都市の衣服→No.063　　● 城の衣服→No.102

No.038
農村の祝祭と娯楽

中世の農民たちの日常は労働と共にある。だがそんな彼らの生活の節目となる祝祭日は、彼らに休息と娯楽の時間を与えていた。

●祭日によって作業の節目と休息が訪れる

　日々領主のための労働や農作業に明け暮れる農民たちであったが、心安らぐ時間もあった。農作業にひと段落着く、季節ごとの祝祭日である。

　季節ごとに行われる祝祭日は、元来ケルトやゲルマン、あるいはローマなどに源流を持つが中世においてはキリスト教に取り入れられ、イエスや聖人に関連した祝祭とされていた。しかし、その本質は変わっていない。

　中世における1年の始まりは、国や地域により一定ではなかった。だが、大きな区切りとなるのは、やはり12月から1月にかけての祝祭日である。特にクリスマス・イヴから1月6日の公顕祭までの期間は、農民たちにとって最も長い休暇だった。この間、彼らは賦役から開放され、場合によっては領主の宴会にも招かれた。2月2日の聖燭節は聖母マリアの出産を記念するもので、ろうそくの行列で祝う。移動祝日である告解火曜日には、仮面行列などの遊びが楽しまれた。これらの祝祭には、ケルトのインヴォルグ祭の痕跡が見られる。復活祭の際も、農民たちは1週間の間、領主直営地での賦役から開放された。現代においても復活祭には卵が欠かせないが、中世でも農民たちは領主に卵を献じ、領主の方でも農民たちを宴会に招くなどの交流を持っている。5月祭はケルトのベルティネ祭の影響が強く、5月生まれの若者たちが若木を森に取りに行き、5月柱として立てるという習慣があった。8月上旬の収穫祭は、冬蒔き穀物の収穫の始まりである。収穫が終われば領主がご馳走を振る舞い、皆で歌い踊り喜びを分かち合った。11月1日は万聖節で、ケルトのサウィン祭を起源としている。すべての聖人と殉教者の祝祭で、かがり火を焚いて祝う。11月11日は聖マルタンの日である。この日は冬の始まりと農作業の終わりを告げる日で、特別なパンやガチョウの丸焼きで大宴会を開きお祝いをした。

農村の生活を彩る祭り

```
異教の祝祭
 ゲルマン
 ケルト
 ローマ
```

取り込み、イエスや聖人と関連付ける。

キリスト教

中世ヨーロッパ文化を彩る祝祭となる！

月	祝祭	内容	異教起源
12月	クリスマス・イヴ（24日）		
1月	公顕祭（6日）	農民たちの長い休日。領主の館に招かれることもある。	
2月	聖燭節（2日）	聖母マリアの祝祭。ろうそくをもって行列。	ケルト インヴォルグ祭
3月	告解火曜日（復活祭の7週前）	復活祭に関わる祝祭。仮装行列など。	
4月	復活祭（春分後の満月の後の日曜日）	農民は1週間休日。卵を領主に献上。領主の館に招かれることもある。	
5月	5月祭（1日）	若者たちが森で採取した若木で5月柱を作成する。	ケルト ベルティネ祭
6月			
7月			
8月	収穫祭（上旬〜10月）	冬撒き穀物の収穫時期。特に領主は気前良くふるまう。	
9月			
10月			
11月	万聖節（1日）	諸聖人とすべての殉教者の祝日。かがり火を焚いて祝う。	ケルト サウィン祭

※この他にもさまざまな祝祭が中世ヨーロッパでは祝われていた。

関連項目

● 農民→No.025
● 農村の暮らし→No.028
● 領主→No.091

No.039

森林と御料林

豊かな資源と動物を抱える森林は、多くの場合権力者の所有物だった。
中でも御料林は、王のために厳しく管理された聖域である。

●王が狩り、動物を愛でるための森林

中世世界の農村は、まるで海のように広がる森林によって取り囲まれていた。そこは危険な動物や犯罪者が隠れ住む場所でもあり、恵みをもたらす場所ともなりえた。しかし、農村に暮らす人々が、その恩恵のすべてを自由に享受できたわけではない。森林の大半は、王の管理下にあったのである。これらは御料林と呼ばれ、勝手な行動は禁じられていた。

御料林とは森林法によって王の所領と規定された森林、あるいはその周囲の地域のことで村落や、個人所有の森林をも含む。元々はフランス発祥の制度だが、1066年にはウィリアム1世（在位1066-1087）によってイングランドにも持ち込まれている。御料林は御料林長官によって管理されており、独自の法制度を持っていた。ここでの活動はすべて王の許可を取る必要があり、そむけば罰せられる。大陸での森林法は比較的管理がゆるく、民衆の自由もある程度保障されていたが、イングランドの森林法は内容が厳しく、領主や聖職者所有の森林でも没収されることがありえた。

御料林で重要だったのは狩猟の対象であり、資源でもある動物の保護、およびその動物たちが暮らす環境の保全、森林資源の保護である。イングランドでは特に鹿の密猟が重罪とされており、これを行えば眼球を抉り取られた。逆に狐、野ウサギ、アナグマ、リス、カワウソなどは鹿や猪に有害と考えられ、特別な許可書があれば狩猟が許されている。農民たちによる開墾や豚や牛の放牧も厳しく制限されており、自分の住む村が御料林に含まれるか否かは、農民たちにとって死活問題となっていた。

このように厳しい森林法であるが、いくつかの抜け道もあった。たとえば旅の途中で御料林を通過せざるを得ない領主や貴族には、森林法は適応されず御料林長官配下の森番の立会いの下での狩りを許されている。

御料林制度の誕生

御料林とは？

森林法によって王の所領と規定された森林、あるいはその周囲の地域のこと。フランス発祥の制度。

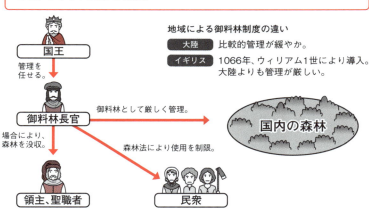

地域による御料林制度の違い

大陸 比較的管理が緩やか。
イギリス 1066年、ウィリアム1世により導入。大陸よりも管理が厳しい。

御料林が守ったもの

快適な狩猟ができるように森林環境を保護したい。

国王

保護されたもの
・鹿　　・猪
狩猟の対象として大型の獣が好まれていた。

保護されていないもの
・狐　　・リス
・野ウサギ　・カワウソ
・アナグマ
保護対象に有害なものとして許可証があれば狩猟できる。

禁止行為
・御料林の開墾。・豚、牛の放牧。
周辺農民にとっては死活問題！

ただし……

領主、貴族は森林法適応外。森番立会いのもとで狩猟できるなど抜け道もあった！！

関連項目
● 農村と森林→No.021
● 御料林長官→No.041
● 森林と狩猟→No.045

No.040

共用地

共用地は、村落共同体が共用で管理する土地である。農民たちはここ
で、農地では確保できない資源を得て、家畜を肥育した。

●農民たちが共有する貴重な資源

共用地は個人的な耕作が行われない、農村全体で利用される村域のこと
である。共用地には牧草地、放牧地、森林、河川などがあり、そこで得ら
れる資源は、共用地を管理する農村や共同体全体で享受できるものだった。

共用地である森林において重要だったのは、家や教会、農地の柵を作る
ための木材、薪などに用いる灌木の確保である。落ち葉すらも有益な資源
であり、冬場の家畜小屋の敷き藁とされた。秋の放牧による豚の肥育も、
同じくらい重要な権利である。ドングリやブナの実をたらふく食べた豚は、
12月には潰され、冬場の貴重な栄養源とされた。また、地域によっては
森林での蜂蜜の採取、養蜂も共用地における権利となった。さらに、国王、
領主といった権力者によって定められた密猟禁止令や狩猟権を妨げない限
り、そこでの狩猟や漁も可能だった。共用地の用益権は、家に付随したも
のだった。自由農民であろうと農奴であろうと、家屋敷とそれが建つ土地
の所持権を持つものだけが、その恩恵にあずかることができたのである。

村落の影響下にない荒野や高原、渓谷が共用地として扱われる場合もあ
る。こうした共用地は村落に所属する共用地とは異なり、その土地固有の
共同体によって所持され、その構成員のみが用益権を獲得できた。

共用地は一般に土地の肥えた地域では少ない傾向にある。また、他の地
域では共用地として扱われる場所が個人所有となっている地域もあった。

領主たちはこの村落の共用地を支配しようと、さまざまな行為を試みた。
支配下の村落の共用地で農民たちが伐採をすれば、その代金の3分の1を
徴収するなどの間接的支配を強行したり、時には強制的に私有林としよう
としたのである。これに対し、農民たちも共用地に対する地域の慣習法を
持ち出し、横暴な伐採や収穫を行う領主たちをやり込めることも多かった。

共同体にさまざまな恩恵を与える共用地

共用地とは？

農村などの村落共同体において共用される村域のこと。
土地の肥えた地域では、あまり作られることはない。

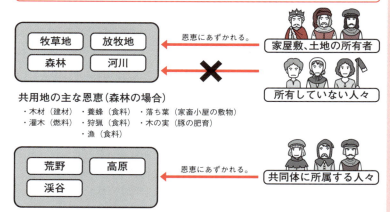

共用地の主な恩恵（森林の場合）
- 木材（建材）
- 養蜂（食料）
- 落ち葉（家畜小屋の敷物）
- 灌木（燃料）
- 狩猟（食料）
- 木の実（豚の肥育）
- 漁（食料）

共用地を巡る戦い

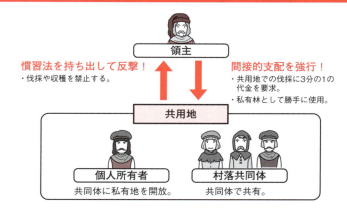

慣習法を持ち出して反撃！
・伐採や収穫を禁止する。

間接的支配を強行！
・共用地での伐採に3分の1の代金を要求。
・私有林として勝手に使用。

個人所有者：共同体に私有地を開放。
村落共同体：共同体で共有。

関連項目
- 農民→No.025
- 農奴→No.026
- 森林と狩猟→No.045
- 領主→No.091

No.041
御料林長官

御料林長官は、王の財産である御料林を守る役職である。彼らはその部下と共に、密猟や不当な伐採から森林を守った。

●王の資源を守る長官たち

　御料林長官は王が定めた御料林を守る役職である。彼らは部下と共に森林を巡察し、違法な伐採、密猟を取り締まってその資源を保護する。御料林長官は国土の御料林全体を統括しており、その権限の大きさから大領主や王の親族が任命された。御料林長官の下には御料林官がおり、各地の御料林を管理している。その下では騎士や地主階級からなる下級役人が、それぞれの管轄の役目を果たしていた。樹木管理官は樹木管理や庶務を、森番は猟場管理を行い、家畜飼育人は放牧料を農民から徴収する。なお、領主私有の森にも彼らに類する管理人がおり、密猟者に目を光らせていた。

　御料林の扱いは各国で異なり、イギリスは他のそれより厳しいものだった。『マグナ・カルタ』に付記された御料林憲章によれば、イギリスにおける御料林の司法機関には、草木や小動物に対する軽犯罪に対応した6週間ごとに開催される地区審問、より重大な森林破壊や鹿の密猟を担当する特別審問があった。違反者は証拠品と共に御料林官によって拘束され、裁判まで牢獄に収監されるか、出廷保証をさせられた。罪人への最終的な司法権は国王の森林巡回裁判が持つ。これは国王に任命された4人の諸侯と騎士が各地を巡回し、7年ごとに開催される。裁判はごく簡単なもので、証拠や証言に対する審問がなされることは少なく、罪人は罰金や身代金を払うことで放免された。払えなければ1年と1日の禁固を申し渡されるが、貧しいものやすでに長期間拘留されたものはすぐに釈放されている。

　絶大な権力を持つ御料林長官は、時にそれを笠に着て悪事を働くこともあった。無実の罪の人間を不当に逮捕し、投獄して私的に罰金を取り立てたり、農民が御料林で放牧や伐採を行うための入会権を無視して資源の囲い込みを行って私腹を肥やしたのである。

御料林長官とその配下の仕事

御料林長官とは？

王の定めた御料林を守る役人たちの長。
大きな権限を持つため、大領主や王の親族が任命される。

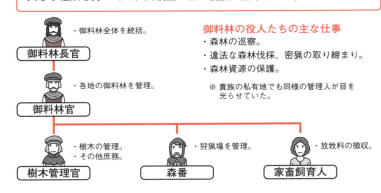

御料林の役人たちの主な仕事
・森林の巡察。
・違法な森林伐採、密猟の取り締まり。
・森林資源の保護。

※ 貴族の私有地でも同様の管理人が目を光らせていた。

御料林と司法

王に指名された4諸侯、騎士の集団。　　　※『マグナカルタ』による御料林憲章の場合

```
森林巡回裁判 (7年ごと)
      最終的な判決を出す。
   ↓              ↓
地区審問 (6週ごと)    特別審問 (任意)
・草木、小動物への軽犯罪。  ・重大な森林破壊。
                ・王の獲物（鹿など）の密漁。
```

罪状により逮捕、拘留。もしくは出廷保証。

違反者
・判決は主に罰金刑。
・支払えない場合は1年と1日の禁固刑。
（長期拘留者や貧しいものの場合は釈放）

**このシステムを利用して無実の罪で罰金を徴収したり、
資源の囲い込みをして私腹を肥やす御料林長官もいた！**

関連項目
●農村と森林→No.021
●農民→No.025
●森林と御料林→No.039
●森林と狩猟→No.045
●騎士→No.092

No.042

炭焼きと森の職人たち

中世世界において、森林はさまざまな資源の宝庫である。そのため、それらを活用する職人が、森林での生活を送っていた。

●森で得られる燃料

　森は中世において危険な領域や開墾すべき土地であるだけでなく、貴重な木材、そして燃料供給源でもあった。

　炭焼きは森林で得られる木材を、効率の良い燃料となる木炭に加工する人々である。木炭は製鉄、製塩、陶磁器の製造、ガラス製造などの幅広い分野で用いられており、需要が高かった。炭焼きたちは木材を得るために、森の周縁部を移動しながら暮らす。炭焼きの仕事は、一般的に8月から10月にかけて行われた。それ以外の期間、特に農繁期には周辺の村に出て労働者としても働く。中世ヨーロッパの炭焼きは、日本のような特定の窯を用いるのではなくそのつど開けた場所を探し、1本の軸となる丸太を中心に、木材を円錐状に積み上げて外側を土と灰で覆い蒸し焼きにした。

　こうして作られた木炭は、都市や森林近縁部に作業場を抱える職人たちによって用いられるだけでなく、炭焼き同様に森に暮らす製鉄職人にも使われた。製鉄職人は森林や山野の露天鉱床で入手した鉱石を木炭と共に焼いて金属を得る。たとえば鉄を得る場合、小型の精錬炉で、砕いた鉄鉱石と木炭を400度から800度の低温で焼くことで、スポンジ状の銑鉄を得る。だが、こうした精錬法はあくまで小規模で効率の悪いものに過ぎなかった。

　森で暮らす炭焼きと似た職業には、小枝や倒木を焼く灰製造人もいる。彼らの用いる灰は洗剤や、ガラスや火薬製造の触媒としても用いられた。木材を切り出す樵も、こうした森林周縁の職人と言えるだろう。彼らもまた、普段は農業を手伝い、樹液が枯れる冬になると木材を切り出した。

　養蜂も森の周縁部で行われた貴重な産業である。コリヤナギや麦わらを編みこんだ釣鐘型の巣箱を用い、秋になるとそこから蜂蜜と蜜蝋を回収する。養蜂は需要が高く、神聖ローマ帝国には専門の集落すら存在していた。

木炭職人と製鉄職人

●森林周辺にはさまざまな資源を供給する職人たちがいた！

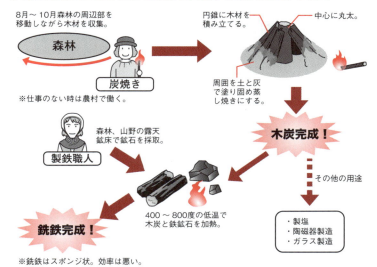

その他の森林周辺の職人たち

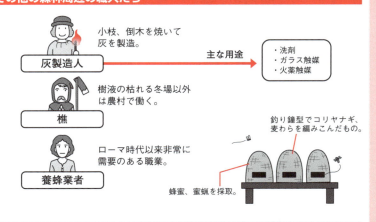

関連項目

●農村の暮らし→No.028　　●鍛冶屋→No.043

No.043

鍛冶屋

中世において、便利で重要な鉄製品を生み出す鍛冶屋は高貴な技術の持ち主とされていた。村落でも都市でも彼らの働きは欠かせない。

●生活に必要な重要な道具を生み出す人々

　中世において金属を扱う鍛冶屋は、生活になくてはならない存在だった。
　農村の鍛冶屋は元々領主に仕える職人であり、彼らが必要とする蹄鉄や鉄製品を作成する。馬に蹄鉄を打つのも鍛冶屋の仕事であり、職場にはそのための器具も備えられていた。また彼らは領主から、村の農民が使う農具を製造する独占権を与えられている。そのため農民が農具を手に入れるには、鍛冶屋に相応の手数料や素材を持ち込まねばならなかった。鍛冶屋が作るのは鍬や犂、大小の鎌といった農具だけでなく、鉈や斧、ナイフなどの生活に用いる刃物、鍋、ヤカン、コップ、ノコギリ、ハサミ、釘、そして蹄鉄など多岐にわたる。また、大工と協力して有輪犂や荷車などの作成、水車などの設備の修繕も行った。彼らの仕事道具は、金床、金槌、火バサミ、火炉にふいごである。燃料はもっぱら木炭だった。

　都市の金属加工業者は何でも手がける農村の鍛冶屋と違い、金銀細工職人や貨幣鋳造業者を頂点に多くの専門的な分野に分かれている。鍛冶屋もその1つで、蹄鉄や鉄材の加工を行う鍛冶屋から武具職人、刃物職人などに細分化されていた。生活空間が狭い区域に密集する都市では、鍛冶屋は騒音問題や防災上の見地から、都市周縁部への居住を余儀なくされている。また、鍛冶屋自身も水車による水力槌やふいごを利用するために、それらの施設を利用しやすい地域に居住する必要があった。一般の鍛冶屋は蹄鉄などの生活用品を作る一方、精錬した質の良い鉄や鋼を、刀剣鍛冶や甲冑職人などの武具職人、刃物屋や釘屋などの道具鍛冶に販売している。そして、職人たちはこの鉄や鋼を加工し、高度な技術を必要とする商品へと鍛え上げた。彼ら鍛冶屋が生み出す鉄製品は、国力を左右する重要なものである。そのため鍛冶屋、特に武具職人はしばしば高貴な存在とされた。

94

農村の鍛冶屋

●農村の鍛冶屋

立場

本来は領主に仕える職人。
農村においても仕事をする。

仕事と特権

仕事道具	生産物
・金床 ・金槌 ・火炉 ・ふいご ・火バサミ 　　etc. 燃料は木炭	・農具 ・刃物全般 ・食器 ・釘 ・蹄鉄 　　etc. 大工と協力して水車などの設備の修繕なども行う。

領主

蹄鉄などを供給。　農具供給の独占権を与える。

鍛冶屋　→ 農具や鉄製品を供給。 ← 手数料と材料を支払う。　農民

都市の鍛冶屋

●都市の鍛冶屋

立場

数ある金属加工職人の1職種。

仕事

鍛冶屋

都市の仕事場事情

都市の鍛冶屋は都市周縁部に居住。

理由
・騒音問題と防災上の都合。
・水車を利用した水力式の槌やふいごを使うための利便性もあった。

蹄鉄などの鉄器を販売。　鉄や鋼を販売。

客　　他の鍛冶職人

武器や細工物に加工。

中世において貴重な鉄器を生産する鍛冶屋は、高貴な仕事として扱われることもあった！

関連項目

●農民→No.025　　　　●領主→No.091

No.044

開墾

開墾は、多大な労働力と時間がかかる事業である。中世のそれは領主たちの奨励や修道会の入植、そして農民たちの努力で成り立っていた。

●さまざまな要因で可能となった大開墾

　中世は大規模な開墾が行われ、耕地面積が飛躍的に増大した時代である。耕地の拡大は余剰作物を生み出し、貨幣経済の発展、ひいては中世都市誕生への大きな要因となった。

　中世初期の開墾は、現代でも途上国で良く見られるタイプの簡単な焼畑だった。ごく緑の浅い草原や灌木の林を打ち払い、乾燥させた草木を焼き払った灰を土に混ぜ込むことで肥料とする。だが、手入れのされていない耕作地は灰によって補われた地力をすぐに使い果たし、放置された土地はまた森の緑の中に飲み込まれていった。だが、11世紀から12世紀にかけての鉄器の普及、そして家畜を繋ぐ繋駕法の発展は、農業だけでなくその源となる土地を確保するための開墾事業に対しても、大きな影響を与えることになる。鋭い鉄製の斧やノコギリは効率よく木を切り倒すことができたし、家畜の力を効率よく使うことで切り株や岩を掘り起こし耕地を整えることが可能になった。こうして整地された土地でこそ、有輪犂を使ったより効率の良い耕作を行うことができるのである。

　開墾が盛んに行われるようになった背景には、権力者たちによる介入もある。領主たちは所領の収益を増やすため、また増大する人口を養うために未開の森や荒地に農民を入植させ、その土地を耕作する権利を与えた。これらの農民の中には、逃亡農奴が含まれていることもあったが新たな耕作地という魅力の前には問題にならなかった。また、隠修士や修道士は自らの勤勉の勤めのために進んで荒地に入植し、膨大な土地を直営地として経営している。もっとも、この領主化は彼らの世俗化を招くことになった。

　なお、これらの大規模開墾が成功した背景には、技術や社会制度の変化だけでなく、寒冷期に入った当時の気候条件も挙げることができる。

さまざまな理由から行われた開墾

所領の収益を増やしたい。
増大する人口を賄いたい。

【領主】

勤勉の勤めを果たしたい。

【隠修士、修道士】

・農民たちを開拓地に送り込む。
・土地の耕作権を与える。

・自ら開拓地に入る。

耕地面積が飛躍的に増大！
寒冷期という気候条件も成功を後押し。

・作物の余剰化。
・貨幣経済の発展。

中世都市群誕生を後押しする。

・直営地として土地を運営。

修道院などの世俗化を招く。

発展する開墾方法

【中世初期の開墾方法】

手順 ・草原や灌木の林を伐採。
・焼き払った灰を土壌に混ぜ込む。

しかし……
・地力をすぐに使い果たしてしまう。
・容易に森に飲み込まれてしまう。

・鉄器の普及。
・家畜を繋ぐ繋駕法の発展。

【11世紀以降の開墾方法】

手順 ・鉄製斧などの工具による木材伐採。
・家畜を使った大規模な整地。
・有輪犂などによる効率の良い耕作。

→ 大規模で長期的な開墾が可能になる！

関連項目

●農民→No.025
●中世の農法と農産物→No.029
●教会と修道院の住人→No.076
●領主→No.091

No.045

森林と狩猟

民衆がみだりに干渉することが許されなかった森林。そこで行われる狩猟は、貴族たちにのみ許された娯楽であった。

●軍事訓練にもなった狩猟

　中世世界において狩猟は娯楽であると共に、食肉を確保するための重要な手段でもあった。しかし、狩場となる森林は領主や騎士、あるいは聖職者たちの所領であり、彼ら以外がこの娯楽を享受することは難しかった。

　狩猟の対象となった獲物は、夏の鹿や冬の猪、熊などである。他にも、山鳥や白鳥、さらには山猫なども狩猟の対象となった。狩猟は専門の猟師と犬の調教師、そして多数の勢子と猟犬を率いて行う。猟師は追跡のプロであり、わずかな足跡や痕跡、そして糞などから獲物の居場所を割り出す。そのため、高額の給金で雇われていた。彼らは主人たちが宴席を設けている間獲物を追跡し、糞を発見したら自分の角笛の中に入れて持ち帰り、主人に報告を行う。報告を受けた主人はその場で狩猟を行うか否かの判断を下し、するとなれば猟師や勢子が猟犬を獲物の退路を断つように配置し、自分たちは獲物を追い立てた。猟犬は獲物にとどめを刺すブラッドハウンド、小型のプチラット、大型のグレイハウンドなどが使われている。主人は角笛を高らかに吹き上げ、猟犬たちに合図を送った。そして、獲物が追い詰められると弓矢や狩猟専門の剣や槍、罠を使ってとどめを刺す。狩猟は人員の統率と体力、馬術を必要としたため訓練としても好まれていた。

　空高く飛ぶ鳥をしとめることができる鷹狩りも、人気の狩猟方法である。貴族たちはこぞって優秀な鷹を集め、鷹匠を雇い入れた。主に使われたのは水鳥用のハヤブサ類、森林用のオオタカである。気品ある鷹狩りは女性にも好まれており、貴族の奥方衆は自分の鷹を大事にしていた。

　狩猟は森林法で規制された貴族の楽しみであったが、農民たちもウサギ狩りは黙認されており、ウサギ穴に網を張ってフェレットを放ったり水を流し込んだりして捕らえていた。また、密猟もたびたび行っている。

身分の高い人々の娯楽

狩猟とは？

領主や聖職者たちの娯楽の1つ。
食肉を得る手段、軍事訓練の手段としても用いられる。

狩猟に参加する人々

主人

猟師

勢子

猟犬、調教師
　ブラッドハウンド(とどめ用)
　グレイハウンド(大型種)
　プチラット(小型種)

●狩猟の手順

・猟師が獲物を追跡。糞など獲物の痕跡を持ち帰る。

・主人がその獲物を狩るかどうか判断。

・猟師、勢子、猟犬が獲物の逃げ道を封鎖する。

・主人とその手勢が獲物を追い立てとどめを刺す。

獲物を仕留める主な方法

・弓矢　　　　　　　・落とし穴
・狩猟用の剣や槍　　・猟犬

主な狩猟の獲物たちとその他の狩猟方法

●主な狩猟の獲物たち

陸の獲物
鹿(夏)　猪(冬)　熊　山猫

空の獲物
山鳥　白鳥

鷹狩り

水鳥用
ハヤブサなど

森林用
オオタカなど

貴族 → 雇用。→ 鷹匠

奥方衆 → 優美さを好み、大切に育成。→ 鷹

庶民の狩猟

ウサギなど害獣相手の狩猟は合法！

水責め
巣穴に水を流し込んで出てきたところを狩る。

フェレット
飼いならしたフェレットを巣穴にしかける。

関連項目

●聖職者→No.079
●領主→No.091
●騎士→No.092
●城の娯楽→No.103

No.046

人狼

人狼は、中世の民衆の恐怖が生み出した怪物である。彼らは人の中に潜み、夜陰にまぎれては人畜を襲う。

●恐怖と飢えが生み出した人の中に潜む獣

　中世世界において、深い森林や逃げるべき場もない原野に君臨する狼の群れは、人々にとって恐怖の対象であった。狼への恐れとその力に対する認識は、民衆の中に奇妙な信仰とも言うべき伝承を生み出すことになる。それは人間でありながら狼となる人狼と呼ばれる存在だった。

　人狼と呼ばれる存在は、悪魔、あるいは森の三女神と呼ばれる異教的な存在によって、狼に変身する力を与えられた人間である。また狼に噛まれることで狼に変身する、狼憑きと呼ばれる症状もあった。人狼は皮膚と筋肉の間に尻尾を持っており、普段の外見は人間そのものである。しかし、一度彼が望めば、四足で歩き、鉤型の牙を生やした大きな口、ぎらぎら光る目を持った怪物となり、人間や動物を襲うと信じられていた。狼男の伝承は大体において、他の動物に変身する魔法使いや魔女と変わらない。狼のような怪物に襲われたものがその足を切り落とすと、翌日人の手となっているといったものである。また、特別な手段でしか退治できないという伝承もある。だが、真に恐ろしいのは伝承に影響を受けた変質者の存在だった。栄養状態の悪い中世世界では、栄養不足、禁欲的生活、死が間近に存在するストレスにより、狂的妄想に陥る人々があちこちに見られた。そうした精神状態によって自分が人狼であると思い込んだ人が、人畜を襲ったり、逆に人狼として迫害を受けた例は枚挙に暇がない。人狼伝承が誕生した背景には、中世初期のゲルマン人が罪人の人権を剥奪し、森へ追放する人間狼の風習の影響もあったとも考えられている。彼らは見つかれば狼のように殺されたが、逆に人を襲うこともあった。教会は人狼を妄想と退け、存在を信じるものたちにパンと水だけで10日間過ごす罰を規定していた。だが、魔女狩りの時代は人狼の存在を認めるようになる。

人々の恐怖と憧れが生み出した怪物

人狼とは？

悪魔、あるいは森の三女神と呼ばれる異教的な存在によって、狼に変身する力を与えられた人間。

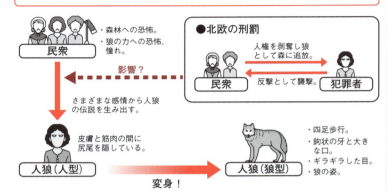

狂気に飲み込まれる人々

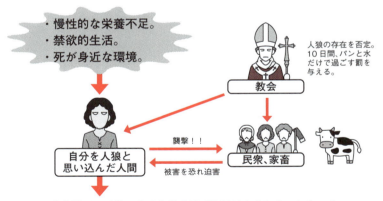

魔女狩りの時代になると教会は「人狼は存在しない」という見解を翻し、人狼の存在を取り込むようになった！！

関連項目

●農村と森林→No.021　　　　　●聖職者→No.079

中世料理の味と形

　世界中の味覚や珍味を堪能できる現代社会と違い、中世ヨーロッパの調理法は食材、技法ともに限られたものでしかなかった。現代では一般的なトマトやジャガイモ、トウモロコシといった食材、コーヒーやチョコレートのような嗜好品も、すべては大航海時代を経てもたらされた歴史の浅いものに過ぎない。中世ヨーロッパの人々は、そうした限られた食材や調味料の中で、さまざまな工夫を凝らし、華やかで楽しい気分になる料理を作ろうと努力していた。

　中世の料理の味付け、特に上流階級のそれで特徴的なのは、香辛料を多用したということである。当時の香辛料は貴重な薬剤でもあり、それらを複数、それも大量に料理に用いることは一種のステータスでもあった。ましてや貴重な東方産の香辛料ともなれば、庶民の口に入るものではない。14世紀末の上流市民階級のメナジエ・ド・パリ（パリの家長）と名乗る人物が、その幼妻に伝えたフリュメンティという卵料理には、花ハッカ、ヘンルーダー、ヨモギギク、ミント、セージ、マジョラム、フェンネル、パセリ、ビーツ、スミレの花、ホウレンソウ、レタス、ジンジャーがみじん切りにされて入れられていた。おそらく、個性的な味わいだったに違いない。このような混合スパイス偏重の調理法に、18世紀の料理研究家ですら、「彼らは、香辛料の種類と食べ物の性質を変えて単純な食べ物を複雑で、かつ口で言い表せないほどに混ぜ合わせられたものにする力において、今日の彼らの子孫に比肩していたように思われる」との感想を述べている。一方、貴重な香辛料を用いることができない庶民には、安価なカラシやタマネギ、ニンニクのような香りの強い野菜が心強い味方となった。特に根菜類は安く、大量に手に入れることが出来たのである。また、スパイスによる辛味だけでなく、酸味も好まれた。酸味には酢とブドウの絞り汁、それにベリー類やリンゴのような酸味のある果物を用いる。東方産の柑橘類も重宝されている。甘みは蜂蜜が主で、中世末期には砂糖香辛料のも用いられるようになったが薬品扱いだった。なお、これらの味付けはいずれも過剰で、非常に濃い味付けだった。

　料理の色彩や盛り付けも、現代日本に住む我々からすれば奇異に映る部分が多い。中世のご馳走には色彩的な派手さ、豊かさも求められていた。そのため、料理人たちは見るものを驚かせるような色彩や、盛り付けを行うことに腐心している。中には羽根などを用い、野鳥の姿をそのままに皿の上に再現するような料理も作られていた。彼らは技術者であり、料理は芸術品であると考えていたのである。色付けに用いられる食材の中では、特に奇麗な黄金色を出すサフランが、香辛料としての貴重さもあいまって非常に珍重されている。12世紀には、妖精はサフランを食べて育つと考えられていたほどであった。また、このほかにもさまざまな色彩のソースが、味覚だけでなく色彩的に料理を飾るために用いられていた。

第3章
都市とギルド

No.047
中世の都市のかたち

都市とは、経済発展により誕生した新たな集落のかたちである。都市は地方の産物や工業製品を売買し、その利益で発展していった。

●経済力を背景に生まれた新たな勢力

中世の都市は地域や誕生背景によりいくつかのタイプに分類ができる。

司教座都市はローマ帝国の都市、キヴィタスの末裔と言える。ローマ帝国末期の混乱の中、ローマ由来の都市は統制を失い縮小あるいは廃棄されていった。しかし、国教化され各属州都市に建設された、キリスト教会の司教たちが行政能力を引き継ぐことにより、その規模を維持し続けたキヴィタスも存在したのである。これらの都市は教会を中心に発展を続け、古代ローマの都市から中世における新たな都市へと生まれ変わっていく。

一方、11世紀に入り経済活動が活発化したことにより、新たな都市も生まれている。古代の交易中継地点や、貿易港を中心に発展した集落は、周囲の領主からの保護や援助を受け、より規模の大きい新たな都市として発展していった。これらの都市には領主の支配下で政治的中枢になるものもあったが、多くの商人や職人たちは同業者組合を組んで発言力を増し、領主たちの支配を逃れ自分たちで都市を運営することを望むようになる。この市民運動はコミューン運動と呼ばれ、いくつかの争いを経てついには市民が統治する自治都市へと結実する。自治都市は国王や領主から特許状を与えられ、裁判権や徴税権などの自治権を与えられていた。中でもイタリア北部、中部のコムーネ都市は周囲の農村地域も自らの領土とし、都市共和国を形成している。一方、ドイツの帝国都市は神聖ローマ帝国皇帝から自治権を与えられた都市で、皇帝直属の都市として地方領主と同じ地位を認められていた。しかし、後に市民の力が大きくなると自由都市と呼称されるようになっている。また、これらの自由都市が皇帝や王の権力に抵抗するために、都市同盟を組む場合もある。逆に領主先導で都市を新設し、率先して自治権を与えて収益を得ようとすることもあった。

都市の種類

中世の都市には成り立ちからいくつかの種類があった！

①ローマ帝国からキリスト教会の司教たちが引き継いだ都市

キヴィタス　国教化されたキリスト教会が設置されている。

ローマ帝国崩壊！

教会の司教たちが、行政能力を引き継ぐ。

司教座都市

②交易中継地点や貿易港を中心に発展した都市

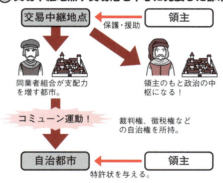

交易中継地点 ─保護・援助→ 領主

同業者組合が支配力を増す都市。

領主のもと政治の中枢になる！

コミューン運動！

裁判権、徴税権などの自治権を所持。

自治都市 ← 領主
特許状を与える。

イタリア北部、中部のコムーネ都市
周辺の農村を領土化。都市共和国を形成した。

③皇帝直属の都市から市民の力が大きくなった都市

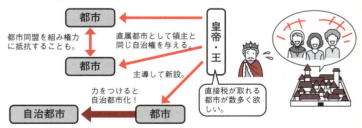

都市

都市同盟を組み権力に抵抗することも。

直属都市として領主と同じ自治権を与える。

都市

主導して新設。

皇帝・王

力をつけると自治都市化！

自治都市 ← 都市

直接税が取れる都市が数多く欲しい。

関連項目

● 封建制度→No.003
● 同業者組合制度→No.067
● 流通と交易→No.071
● 司教→No.078

No.048
都市の住人

各地の商人たちが集まって誕生した都市は、周囲の土地から人々を呼び寄せ、まさにごった煮のようにさまざまな人々が住んでいた。

●雑多な人々が暮らす坩堝

　農村や領主の城とは異なり、さまざまな土地から人々が集まってできた都市は、実に雑多な人々が暮らしていた。

　都市生活者の上層部に位置するのは、都市在住の騎士を含む大規模土地所有者、都市を支配下に置く聖俗領主の役人、遠隔貿易商人や金融業などの有力商人、有力な職人ギルドの親方といった面々である。彼らは都市貴族と呼ばれる支配階層を形成し、裁判や行政を司る市長や参事人などの都市参事会での役職を独占した。また、司教や司祭といった聖職者も独自の地位を持つ。王権支配が強い都市では、王の代官が彼らを統括した。

　都市貴族の下には、市民権を有する市民がいる。新たな流入者が市民になるには、一定期間の納税や都市、あるいはその周縁部の土地の所有などの条件が課された。また納税、軍役などの義務も生じる。俗にブルジョアジーと呼ばれる彼らは、商工ギルドの親方、裕福な知識人階層といった社会的名望を持つ人々とその家族であった。彼らの下には、居留民と呼ばれる参政権を持たない人々がいる。居留民は都市人口の多数を占め、参政権を持たないものの、都市居住者として納税、兵役、裁判義務を負わされた。

　こうした社会的地位以外にも、都市生活者は三層に分けられている。都市貴族は上層、市民は中層として扱われた。貧しい市民や居留民からなる下層民は零細職人や見習い職人、都市の下級役人、刑吏、富裕層の奉公人、日雇い人夫のような期間労働者など雑多な人々で形成される。また下層民の中でも社会的に排斥された娼婦や傭兵、外部から流入した農民や逃亡者、旅芸人などの放浪者、乞食などの人々は周辺民と呼ばれた。一方、共同体から排斥されたものの、独自の権利を与えられたユダヤ人や外国人の商人もいる。彼らは隔離された区画で暮らしたが、金銭的には裕福だった。

都市居住者を構成する3つの階層

さまざまな土地から人が集まった都市は雑多な人々が暮らしていた。

王 →派遣。→ 王の代官
↓統括。
※王権の強い都市の場合。

都市貴族

都市有力者
- 都市在住騎士
- 都市役人
- 有力商人
- 有力ギルド親方

市長職や都市参事会の役職を独占。行政、司法を掌握！

宗教的有力者
- 司教
- 司祭

市民

ブルジョアジー
- 富裕知識人層
- 商工ギルドの親方

・納税義務。
・兵役義務。
・裁判義務。

加えて土地所有が市民の条件！

参政権あり！

居留民

都市人口の大半を占める雑多な人々。

参政権なし……

富裕度における都市居住者の階層

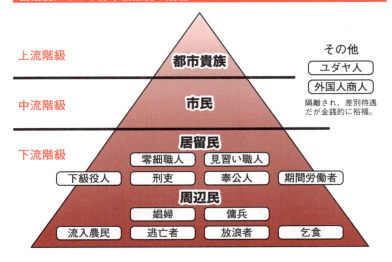

上流階級 — 都市貴族
中流階級 — 市民
下流階級 — 居留民（零細職人、見習い職人、下級役人、刑吏、奉公人、期間労働者）、周辺民（娼婦、傭兵、流入農民、逃亡者、放浪者、乞食）

その他
- ユダヤ人
- 外国人商人

隔離され、差別待遇だが金銭的に裕福。

関連項目
- 市長と参事会→No.049
- 商人→No.051
- 職人→No.052
- 乞食と貧民→No.056
- 風呂屋→No.065
- 司教→No.078

No.049

市長と参事会

市長や参事会は、自治権を持つ都市を取り仕切る政治の中枢である。
その権限は決して領主や司教に劣るものではない。

●都市を率いる人々

　古来、都市はそこを領土とする領主や司教の支配下にあった。しかし、
11世紀末に経済活動が活発になると、力を持った市民たちが自ら政治を行
えるよう要求をし始める。コミューン運動と呼ばれるこの運動により、多
くの都市が領主たちから都市の自治運営権を獲得している。こうしたコ
ミューン都市と呼ばれる自治都市を支配し、その政治的な運営をしていた
のが市民の議会やギルド、あるいは市長、および有力市民から選出され裁
判を行う参審人で構成される参事会である。彼らは所属する国家の利益に
反しない限りでの裁判権、警察権、徴税権、兵権の行使が許されていた。
　都市の運営は地域や都市ごとに、その中心となる組織や構図が異なる。
たとえばイタリアやプロヴァンスでは執政官を通じた集団的な議会に、ドイ
ツでは市長を中核にした参事会によって都市の政治が取り仕切られている。
　イタリアの執政官政治は、神聖ローマ帝国との諍いに勝利した1183年
のコンスタンツの和約から始まった。有力市民から選出された執政官たち
が条例制定権と低額賠償の裁判に対する裁判権を任され、実質的な支配者
となったのである。しかし執政官政治は派閥争いによる混乱を招き、12
世紀以降は外部から招いた司政官に、任期を決めて政治を取り仕切らせた。
だが混乱は収まらず、最終的には僭主による独裁政治へと変わっていく。
　一方、ケルンでは参審人のグループ、有力市民で構成されたリッヘル
ツェッヘ、そして彼らに選出された市長が権力を握っていた。市長は毎年
2名選出され、1人は参審人経験者だった。この政治体制は、最終的に市
長を中心とした参事会政治へと移行していく。市長やリッヘルツェッヘの
権限は強力で、ギルドの承認権、都市印章の管理権、食料品生産と販売に
おける規則制定と罰則権、市民権の授与など多くの権限を行使している。

都市の主権

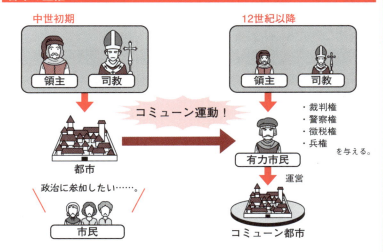

さまざまな都市運営の形

都市の運営は地域や都市ごとに組織が異なる。

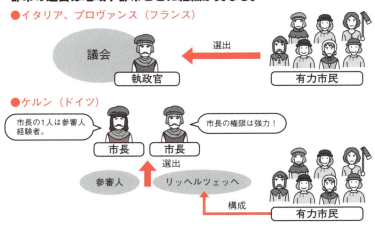

関連項目

●同業者組合制度→No.067　　●領主→No.091
●司教→No.078

No.050
衛兵と警吏

領主たちから自立し、各種の裁判権や徴税権を獲得した新興都市は、その防衛も自らの手で行わねばならなかった。

●都市の治安を守る兵士たち

中世世界において、本来戦闘を行うのは騎士階級の仕事である。しかし、市民たちの治める自治都市では、戦闘、そして都市内部の治安の維持を市民自身が担わなければならなかった。

都市を防衛する衛兵は、都市の徴税単位である行政区、小教区とも範囲が重なる細分化された区画の街区ごとに編成された市民軍が担当する。また、商工ギルドも各々が兵士を供出した。彼らは都市の門、城壁の警護、夜警を持ち回りで担当した。また、都市を勢力下に置く国王、領主、司教の要請に基づき、年間40日程度の軍役に出ることもある。元来市民である彼らは戦闘のプロではないため、しばしば都市在住の騎士や傭兵がその指揮官を務めた。だが、十分な錬度と武装度を誇る市民軍もあり、特にギルド率いる石弓兵や歩兵には、騎士の軍を打ち倒す実力を持つものも少なくなかった。市民軍は地域への帰属意識が強く、その地区の有力者と容易に政治的に結びついた。そうした市民軍は有力者の党派の尖兵として、都市の敵ではなく同じ都市の他の党派と勢力争いを繰り広げた。

警吏は市議会によって雇われた治安維持のための役人で、都市の警邏、事件の仲裁や犯罪者の逮捕、夜警の監督、刑場の護衛、立法機関への連行を行う。犯罪者と対峙する彼らは体格の良いものから選出され、剣や短剣、斧、棒などで武装し、お仕着せの制服を身につけている。だが、その絶対数は都市に対し非常に少なく、小さな都市では10人前後ということもあった。また、その給金は下級職人にも劣る程度でしかなかったため、彼らは生活のために副業を持っていた。これは、彼らが仕事にかける時間を大幅に減少させることになった。また、その権限を利用してゆすり、たかりをすることも多い。そのため、警吏に対する市民の評価は著しく低かった。

自衛のための軍備

●都市の兵力
・自治都市では、防衛も自分たちで行う。
・徴兵は徴税区分である行政区、街区ごとに行う。
・ギルドからも徴兵される。
・仕事は城門、城壁の警備や夜警。

●戦力としての評価
・本来戦争のプロではない。
・そのため、指揮は騎士や傭兵が行うことが多い。
・しかし、中には高い錬度で騎士の軍を打ち破る兵士たちもいた。

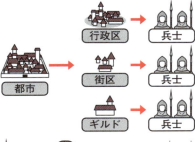

プロとして戦闘を指揮。
逆に彼らを上回る錬度を持つものもいる。

都市を勢力下に置く領主から、40日の軍役を申し付けられることもある。

犯罪を取り締まる警吏

警吏とは？

市議会に雇われた役人。治安維持を任務とし、犯罪者を取り締まった。

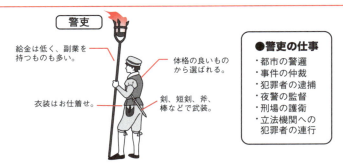

警吏

給金は低く、副業を持つものも多い。
体格の良いものから選ばれる。
衣装はお仕着せ。
剣、短剣、斧、棒などで武装。

●警吏の仕事
・都市の警邏
・事件の仲裁
・犯罪者の逮捕
・夜警の監督
・刑場の護衛
・立法機関への犯罪者の連行

しかし、その人数は少なく、賃金の低さから熱意もなく賄賂などを要求するため市民たちからは嫌われていた！

関連項目

●同業者組合制度→No.067
●騎士→No.092
●司教→No.078
●領主→No.091
●傭兵→No.095

No.051
商人

中世の商人は、ローマ帝国のそれが力を失った後、新たに勃興した階層である。その誕生には、西ヨーロッパの安定化が不可欠だった。

●金融を支配した新たな階層

ゲルマン人の流入とイスラム勢力による地中海封鎖の影響から、中世初期の商取引はイタリア人やノルマン人など、ごく限られた地域の人々を中心に行われていた。しかし、11世紀末になると農業改革による余剰な生産物の供給、地中海航路の再開などのさまざまな要因により、商取引がヨーロッパ各地で活性化するようになる。

多くの商人の中でも、花形だったのが遠隔地商人である。初期の遠隔地商人は遍歴商人と呼ばれ、隊商を組み、目的地である市場や都市、宮廷に商品を運び、その代金で新たな商品を購入して出発地点へと帰るという商売をしていた。危険を伴うため大抵は武装し、交易ルート上の領主たちと安全護送契約を結ぶこともあった。通信網や金融業界のシステムが発達すると、彼らは大都市に本店を置き、各地の支店に人員を配して手紙や為替を活用して、速やかな取引を行う定住商人となる。特に有力なのはフィレンツェを初めとする各都市の毛織物商人で、多数の下請け職人を支配し、交易で得た羊毛を貸し付けて織物を製造させ遠隔地で売りさばいた。また、フランスでは、卸商と仲買を兼ねる雑貨商ギルドが権勢を誇っている。

両替商、高利貸し、銀行家といった金融業者も有力な商人だった。ジェノバなどのイタリア諸都市の金融業者が生み出した為替や手形、保険、貸付業務は、大規模な商業にはなくてはならないものだった。彼らの多くは王族や聖界諸侯と結びつき、その資金源となることで権威付けを受けた。

このように豊富な資金力を武器に、新たな階層としての存在感を示した商人だが、教会は彼らを悪とみなしていた。それゆえ彼らは、自らの正当性を示すため慈善事業や社会貢献を好んで行ったとされる。もっとも、これはごく一部の話で、貧しい行商人や小店舗の店主も少なくなかった。

商人の花形、遠隔地商人

遠隔地商人とは？

遠隔地商人とは大資本を背景に、遠く離れた地点同士での交易を行う商人。彼らの活動は中世の経済に大きな影響を及ぼした。

通信網、金融制度が発展！

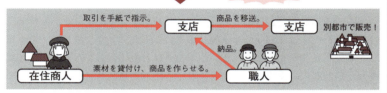

金融業者と商人の罪過

有力商人と教会

商人たちは多大な財源により、大きな存在感を示した。

関連項目

● 流通と交易→No.071
● 貨幣制度と為替→No.072
● 聖職者→No.079
● 施療院と奉仕活動→No.084
● 領主→No.091

113

No.052

職人

職人は手工業を生業とする人々の総称である。彼らは生活に必要なさまざまな物品を生み出し、その技術によって1つの階層を生み出す。

●専門知識によって力をつけた技術者たち

　中世において身分は戦う人である貴族、祈る人である聖職者、そして働く人である農民という3つの身分に分かれていた。職人はそれらに所属しない商う人々に含まれる身分と言える。彼らは農民のように食糧生産に従事するのではなく、おのおのが得意とする技術によって生計を立てていた。

　手工業の職人は農村での分業制、あるいは領主の城や宗教施設での作業に付随して発生したと言われている。彼らは身分の保証された自由民であり農民には難しい、あるいは禁じられていた専門技術で村や施設の維持に必要な活動を行った。農村であれば家屋の建築などを行う大工、自家調達で賄えない分を補う織物工、なめし工、靴屋、農具を作る鍛冶屋、パンを作るのに必要な粉挽き、パン屋などが。領主の城、宗教施設であれば城や大伽藍を建造し、維持するための石工、あるいはろうそく職人などの必要とされる日常品を生産するための職工集団がいる。

　12世紀から13世紀にかけて、こうした職人たちは経済活動の発展で力をつけてきた新興都市へと活動の拠点を移すようになる。自給自足の難しい都市では、職人の仕事は引く手あまただった。最初は露店での営業をしていた職人たちであったが、やがて同業の職人が同じ区画で商売をするようになり、最終的に同業者組合を営むようになる。同業者組合は厳格なヒエラルキーによって縛られており、親方にならなければ一人前として扱われないなど弊害も多い。だが、組合の存在は職人の都市での発言権を強めるためには不可欠でもあった。その一方で都市の商人たちは、これらの力をつけた都市職人たちの存在を快く思っておらず、より朴訥で言うことを聞かせやすい農村に残った職人たちに機材や材料費を貸し出し、都市職人より安い賃金で労働させることも行っている。

職人の誕生

●中世ヨーロッパ社会では職業は大まかに3つに分類されていた！

「戦う人」	「祈る人」	「働く人」
貴族	聖職者	農民

この分類に含まれなかったのが……

「商う人々」

・食料生産には直接従事しない。
・得意分野で生計を立てる。

農村での分業制で発生？
領主、教会の元での作業から発生？

職人 → 農民には無理な専門作業、禁止された作業に従事。

農村
大工　　鍛冶屋
織物工　粉屋
なめし工　パン屋
靴屋

城、宗教施設
石工
その他建築業
ろうそく職人
その他日常品生産

都市に集まる職人たち

●12～13世紀のヨーロッパ

都市
・経済的に急発展。
・自給自足が難しい。

← 仕事を求め大量流入。 職人

初期は露店で商売、次第に同区画に集まるように……。

同業者組合が誕生！
利点　発言力が高まる。
欠点　身分制度が厳格。

← 快く思わない。 都市商人

農村職人 ← 朴訥で扱いやすいので、低賃金で労働させる。

関連項目

●農民→No.025　　　　　　　　　●同業者組合制度→No.067
●商人→No.051

No.053

刑吏

刑吏は都市における刑の執行者で、法的秩序を守るために不可欠な存在だった。だが、穢れを背負わされた彼らは、強い差別を受けている。

●云われない差別を受け続けた法の執行者

　刑吏、あるいは死刑執行人、獄吏と呼ばれる人々は都市という特殊な環境で発達した、法的秩序を守るための職業である。古来、ヨーロッパでは犯罪者を捕らえ、刑を執行するのは被害者である原告やその一族であった。だが、それには武装と相応の戦力を持っていることが前提となる。内部での武装や騒乱を禁じていた都市では、非武装の市民に代わって刑を執行する人間が必要とされた。それが刑吏だったのである。

　刑吏は犯罪者を拘留し、判決に合わせた刑罰を加える。また、裁判のための自白を得るために拷問が行われるようになると、これも刑吏の仕事となった。処刑や拷問の費用は被告側が負担し、それができない場合は都市共同体が刑吏に支払う。また、刑吏は当時賤民の職業とされていた市街地の家畜の死骸を片付け、その皮革を売却する皮剥ぎ人、街中の汚物を掃除する掃除人、娼館の管理や賤民専門酒場の運営などの副業も持っている。拷問や処刑のスペシャリストであった刑吏は人体に対する知識が豊富であった。そのため、彼らは医者としても活動を行っている。

　だが、彼らはあくまで参事会に雇われた役人であり、裕福でありながらも賤民として差別を受けた。これは、武器を持たない市民を殺すという役割や、その副業が市民たちの嫌悪を呼んだためとされる。刑吏は市民と言葉を交わすことも許されず、同じ酒場で飲む場合、客全員の許可がいるほどだった。教会すら彼らを認めず、埋葬は墓地の外れや自殺者用の墓所だった。服装も制限を受けており、緑や赤の服を着るなど都市ごとに規定が設けられていた。結婚も刑吏の家系同士でしか許されない。このため刑吏同士の団結は強く、互いを助け合っていた。また、常に仕事に誠実であり研鑽を積み続けることで、差別され続ける己の誇りを守っていたという。

刑吏の誕生

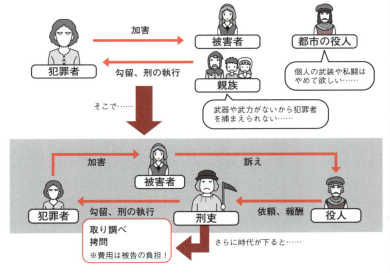

刑吏の社会的立場

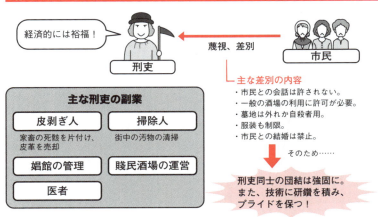

関連項目

●娼婦→No.054

No.054

娼婦

中世における娼婦は、必要悪として許された存在だった。彼女たちは公的な立場を持ち、独自の組合組織すら持っていた。

●必要悪としての公認

娼婦は古代から連綿と存在し続けてきた、最古の職業である。キリスト教的価値観が尊ばれた中世世界においても、娼婦は消えることはなかった。

11世紀の十字軍遠征は、多くの領主、騎士、そして夢見る一般人を中東へと導いた。これにより多くの文化的な交流が生まれ、一度は廃れた交易も再開され経済活動も活発になった。しかし、その一方で十字軍やそれに続く騒乱で多くの男手を失った女性たちは、配偶者も得られず都市の中で行き場を失ってしまう。技術があれば芸人や職人になることもできたが、そうでないものが簡単に収入を得るためには、春を売るしかなかった。

こうした娼婦には公的なものと私的なものがいる。公的な娼婦が盛んになったのは14世紀頃のことで、彼女たちは組合を作り参事会、領主、裕福な職人組合、あるいは司教が作った専門の公営娼館で商売をした。この公営娼館は女主人と呼ばれる女性が管理しており、平均15人くらいの女性が勤めている。彼女たちは他の都市の出身者か外国人であり、未婚に限られた。娼婦たちの仕事は主に性交渉だが、高貴な客を持て成すコンパニオンとしても活躍している。また権利についても確保されており、建前上仕事の強要はなく、結婚による引退や退職も自由だった。また、傭兵団などと行動を共にして、各地を旅する娼婦の集団もいた。一方、私的な娼婦は零細な女性職人や職人の妻、あるいは浴場の湯女などである。彼女たちは生活のために春を売ることからその相場は安かったが、組合の娼婦たちに見つかれば凄惨な私刑を受ける羽目になった。

娼婦の存在が認められていたのは、彼女たちがいることで強姦や姦通の罪が避けられたからである。しかし、15世紀に入ると都市の純化を狙う権力者たちにより、娼婦たちは穢れた存在として排斥されてしまう。

娼婦として生きる訳

娼婦は古代より存在した、最古の職業。
中世においても、その存在が消えることはなかった。

●いかにして娼婦になったのか

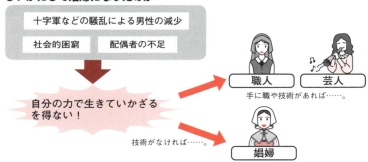

娼婦の仕事と立場

14世紀　若者の暴走を防ぐ必要悪の存在として、ギルドを作るなど社会的に黙認された存在。

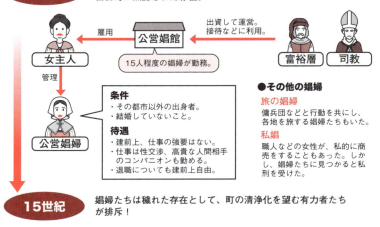

●その他の娼婦

旅の娼婦
傭兵団などと行動を共にし、各地を旅する娼婦たちもいた。

私娼
職人などの女性が、私的に商売をすることもあった。しかし、娼婦たちに見つかると私刑を受けた。

15世紀　娼婦たちは穢れた存在として、町の清浄化を望む有力者たちが排斥！

関連項目

- 同業者組合制度→No.067
- 領主→No.091
- 騎士→No.092
- 傭兵→No.095

No.055
ジプシー

ジプシーは、定住民とは隔絶した生き方をする異民族である。その生活ゆえに、彼らは奇異と羨望の目で見られていた。

●さすらいの空の元に生きる民

古来ジプシーと呼ばれ、現在はロマとして知られている放浪の民。国を持たず、国境をものともせずに旅を続ける彼らは、中世世界において不可解な存在としてみなされ恐れ、憧れられ、迫害されていた。

ジプシーの名は、彼らが自らの出自を低地エジプトとしていたことに由来している。また中世ヨーロッパの人々は、彼らが中東のイスラム勢力のスパイ、もしくはユダヤ人であるとも考えていた。しかし、現在は彼らの言語や伝承の研究から、500年頃から放浪生活を始めたインド方面の民であったと判明している。彼らが中世ヨーロッパの記録に最初に現れたのは12世紀頃のことで、14世紀にはよく知られた存在となっている。

ジプシーは放浪民であることから、価値観が中世ヨーロッパの民衆と大きく違っていた。土地を持たない彼らは定住に未練がなく、立身出世にも興味はない。財産もわずかな家畜や馬車、食器くらいで衣服も古着である。彼らは旅の体験を財産とし、人との絆を大切にする。その一方で、自分たちが定住民に決して受け入れられないことも知っており、その思想はシニカルである。また、土地ごとの法に縛られないがゆえに、「落ちていたから拾った」と称して農民の家畜や作物を持ち去る輩もいた。そのようなジプシーたちであったから、犯罪者や何らかの事情で土地を離れた放浪者たちがジプシーに混じって旅をすることもある。ジプシーは彼らを受け入れはしたが、そのためジプシーの評判はより悪いものとなった。盗みや争いを避けるためカラスやハリネズミを食べるなど、彼らの独特の生活習慣は、この放浪生活と評判に由来している。彼らの主な職業は、ヴァイオリンの楽士やダンサー、動物使いなど当時は賎民の職業とされたものが多い。また、鋳掛屋や馬の仲買の技術にも優れた才能を発揮している。

国境に縛られない人々

ジプシーとは？

12世紀頃から知られるようになった、各地を移動しながら生活する民族。低地エジプト出身を自称したことからこの名がある。現在はロマ、ロマニーなどと呼ばれる。

実際はインド出身の民族。

ジプシー

← イスラム圏のスパイ、ユダヤ人として警戒。

民衆

軽視したもの
・定住
・財産（持っていたのは家畜、馬車、食器程度）
・土地ごとの法律

重視したもの
・旅の経験
・人との繋がり

ジプシーたちの価値観は独特！ → その結果…… → **各地でトラブルを起こした！！**

ジプシーの生活と定住者との確執

●**ジプシーの主な職業**
・ヴァイオリン楽士　・鋳掛屋
・ダンサー　　　　　・馬の仲買
・動物使い

賤民の職業として差別。鋳掛屋、馬の仲買に関しては評価。

ジプシー

衝突を避けるため、ハリネズミやカラスなどの嫌われた動物を食料にする。 →

民衆

受け入れる。↓ ↑流入する。

犯罪者、放浪者

→ 犯罪者たちの流入や「落ちていた」と家畜や作物を持ち去るシニカルさがジプシーをより差別、警戒させることに……。

関連項目

●家畜→No.034

No.056

乞食と貧民

中世の乞食と貧民は、奉仕活動の場を求める人々に欠くことのできない存在だった。しかし、その善意は悪徳のものたちを呼び寄せる。

●必要とされた貧民と善意をむさぼるもの

　現代社会において、乞食や貧民という言葉はある種タブー視されている。貧困による生活困窮者を差別する言葉と見なされるからだ。だが、中世世界における乞食や貧民は、そのような言葉の上での同情を喜ぶような存在ではなかった。彼らは社会構造上必要とされた人種であり、特殊な知識をもって役割を演じるある種の職業とも言える階層だった。

　中世ヨーロッパの精神規範であるキリスト教には、「財産を持つものに天国の扉は開かれない」という思想が存在している。そのため、富裕なものたちは教会に喜捨し、乞食や貧民に奉仕することで天国への扉を開くことを望んでいた。つまり、貧民は不幸によって生み出された人々でありながら、絶対的に必要な存在でもあったのだ。そのため教会は進んで貧民たちにパンを与え、都市が発達した後は富裕層の商人たちがこぞって貧民救済組織を作って彼らを迎え入れたのである。これにより、多くの共同体の働くことができない人々が救われることになった。だが、この奉仕活動は自ら望んで乞食として施しを受けるプロの集団を生み出してしまう。

　プロの乞食たちは、何らかの問題で共同体にいられなくなったものや、犯罪者、放浪者たちで構成された、ある種の詐欺師である。彼らはまったく縁もゆかりもない都市にもぐりこむと、本物の貧民に混じって喜捨を受ける。貧民を騙る手口も堂に入っており、手足を縛って隠し不具を装うもの、てんかん患者を装うもの、汚物を塗りたくって業病のふりをするもの、狂人のふりをするもの、妊婦を装うものなど多岐にわたっている。しかも、喜捨を断れば集団で騒ぎたて、教会や町に火を放つぞと集団で脅しつける有様だった。事態を重く見た都市の権力者たちは、現地在住の乞食に証明書を与えるようになる。しかし、実際の識別は非常に困難だった。

社会構造上必要とされた人々

乞食、貧民とは？

生活困窮者。しかし、中世ヨーロッパにおいては、社会構造上必要とされた人種。特殊な知識を用いて役割を演じるある種の職業。

こうした状況を利用する"プロ"集団が登場してしまう！

貧民ビジネスとの闘争

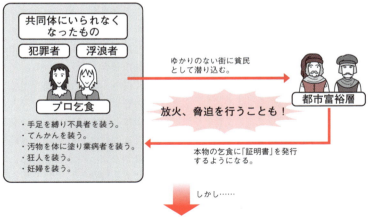

本物の乞食、貧民と彼らを見分けるのは困難だった……

関連項目

●商人→No.051　　　　　　　●施療院と奉仕活動→No.084

No.057
都市の暮らし

都市での生活は階層的である。都市という1つの生活空間の中で、民衆は己の所属する階層での仕事に力を尽くしていた。

●坩堝の中での暮らし

　多様な人々がそれぞれの集団の中で暮らす都市において、その住人の暮らしは一様ではない。都市の成立背景により、政治体制も大きく異なる。

　都市の生活サイクルを支配していたのは、都市中心部のカテドラルや修道院で行われる日課の目安となる鐘楼の音であった。この鐘の音は毎日一定のサイクルで鳴らされたため、時間の確認に良い指標だったのである。また、教会は都市共同体における精神的支柱でもあり、祭礼や市民集会の場として彼らの交流や団結の役に立っていた。なお、14世紀には教会の鐘だけでなく、市庁舎にも公共時計が置かれるようになっている。

　都市内部は入り組んでおり、不衛生であることが多い。通りはにぎやかで活気に満ち溢れていたが、郊外や袋小路は夜ともなれば危険地帯である。

　都市貴族と呼ばれる有力商人や土地所有者たちは、家業に精を出すだけでなく、市民として参事会のメンバーとなり都市運営も行っている。ギルド所属の商工業者も、彼らと同じく政治に深く関与しており、都市の治安や自己の利益の追求のための活動や法整備に力を尽くした。領主が存在し、その権力が強い都市においては、領主と参事会はしばしば敵対した。交易や商売の推進のために治安を重んじる市民と、武力による略奪なども経済活動に織り込んでいる領主とは目指す方針が合わなかったからである。時に彼らは自らの雇い入れた郎党を使い、互いに武力闘争を行う場合もあった。こうした争いは、市民たちが運営するギルド間でも見られる。

　このような政治に関わる力のない、市民とも呼べない下層労働者たちの生活は慎ましやかである。彼らは兄弟団を作り宴席を設けたり、互いに援助し合っていた。だが、より貧しいものや、被差別階層はそれすら得られず有力者の施しに頼るか、犯罪に身を染めるしかなかった。

都市で生活する人々

都市の生活環境 (地図は一例)

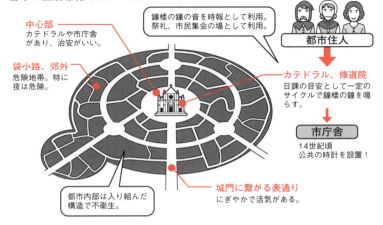

都市を支配する政治と住民たち

●都市の成立背景により、政治体制は異なる。

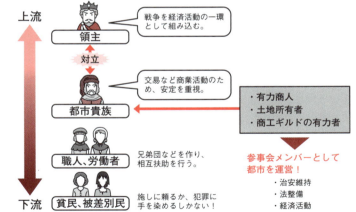

関連項目
- 市長と参事会→No.049
- 乞食と貧民→No.056
- 兄弟団と結社→No.074
- 教会と修道院の施設→No.081
- 領主→No.091

No.058

都市の住居

城壁に囲まれた都市は、土地面積が限られていた。そのため、市民たちの家は床面積が狭く高く上に伸びる傾向にあった。

●狭い土地に高くそびえた市民の家

　都市生活者の大半は、職人や商人のような商売人やその下働きの人々だった。そのため、住居も工房や商店としての機能を備えたものが多い。

　これらの建物は道路に面した土地に無計画に建てられており、都市を暗い迷路のようにする原因となっている。限られた土地を有効利用するために都市の家は大抵切妻屋根の3階建て、4階建ての建物で高層化する傾向にあった。一般層の家屋の大半は木造で1階は仕事場、倉庫、店舗として使われ、2階以降が生活のスペースとして扱われた。道路に面した側には窓のある大きな部屋が1つ設けられており、ここが主人家族の居間となっている。その裏側のスペースには、窓のない台所などが並ぶ。台所の開放型の炉や暖炉は豊かな熱を提供するため、その上の部屋は暖房の効いた居間として扱われた。その周囲の部屋や4階の部屋は、下宿人や徒弟たちが住む部屋になっている。これらの上層階は必要に応じて建て増しされたものでバランスが悪く、時には隣の敷地すれすれに張り出し、道路を覆う屋根のようになることもあった。こうした家屋には、1階の店舗や作業場に上下に分かれた鎧戸を持つものもある。これは開くと上の鎧戸が日よけに、下のものが商品を展示するための台となった。富裕層の家屋も基本的には大差はないが、彼らの邸宅は石造りで裏庭や別宅なども備えている。また、塔などの防衛施設が付随していることもあった。一方、土地面積のない一般家屋は、採光目的も兼ねて家屋の中に小さな中庭を設けている。

　家財道具は貴重品や衣類を入れるチェストや分解式の寝台、食器類や調理道具、テーブル、椅子などがあった。さらに職業により、職人道具や金庫などを持つ。井戸を持つ家はまだ少なく、水は都市の広場の噴水などから汲む。トイレは出窓式か屋外式で、夜間はおまるや尿瓶を使っていた。

一般的な都市の家屋

狭いスペースを有効活用するため、
多くの建物が高層化！

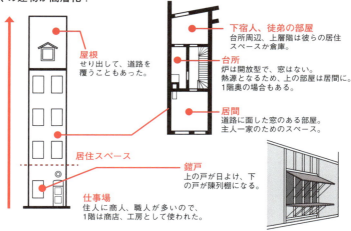

屋根
せり出して、道路を
覆うこともあった。

下宿人、徒弟の部屋
台所周辺、上層階は彼らの居住
スペースか倉庫。

台所
炉は開放型で、窓はない。
熱源となるため、上の部屋は居間に。
1階奥の場合もある。

居間
道路に面した窓のある部屋。
主人一家のためのスペース。

居住スペース

鎧戸
上の戸が日よけ、下
の戸が陳列棚になる。

仕事場
住人に商人、職人が多いので、
1階は商店、工房として使われた。

その他の家屋事情と都市住民の持ち物

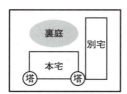

富裕層住宅の一例
石作りで、防御用の塔を備える。隣家
を買い取って別宅とし、裏庭がある。

住宅の水事情
・個人で井戸を持つものは少ない。
・通常は広場の噴水などから汲む。

住宅のトイレ事情
・出窓式か中庭に設置。
・夜間はおまるや尿瓶を使用。

一般住宅の一例
富裕層同様採光用に裏庭を設けているが、増築や
土地面積の関係で中庭になり、面積も小さくなる。

都市住民の主な私有財産
・職人道具（職人の場合）。
・金庫（商人、貴金属職人などの場合）。
・チェスト（貴重品、衣類を収納）。
・分解式の寝台。
・食器類、調理道具。
・テーブル、椅子などの家具。

関連項目

●商人→No.051　　　　●職人→No.052

No.059
都市の施設

中世の都市は、防衛のための施設の中にぎっしりと市民の家が詰め込まれていた。ごみごみした路地は狭いが活気にあふれている。

●入り組んだ防衛都市

　中世ヨーロッパは常に身構えていた時代だと言われている。中世初期の異民族流入による動乱を乗り越え新たな秩序をもたらしたカロリング朝時代の後でさえ、ヨーロッパの大地は安全とは言いがたかった。領主の小競り合いや略奪、野盗の横行、狼などさまざまなものから身を守らねばならない。そのため、多くの都市の周囲は城壁で覆われていた。城壁には巨大な城門があり、流入者を選別している。この城門は防衛上の問題から数は少なく、夜間には閉じられた。城壁に防衛のための塔などを備える場合もある。街が手狭になると、この周囲に新たな市街地と城壁が設けられた。

　都市の中心部は、その都市の成り立ちによって異なっている。旧ローマの市街地から発展した司教座都市であれば、大きく開けた中央広場に司教の住まうカテドラルが、新興の自治都市であれば市庁舎がそびえていた。市庁舎には巨大な鐘楼があり、集会所や避難所、牢獄として機能している。中央広場は市民の交流の場でもあり、屋根のある中央市場、処刑場なども設けられていた。中央広場からは放射状に街路が延び、何本かの街路が交わる箇所には広場と公共の水汲み場がある。上水道だけでなく、下水道を備えた都市もある。また、その周囲の開けた場所には金持ちの家や教会や修道院が建っていた。修道院には貧民のための施療院も併設されている。入り組んだ通路に沿うように立つ市民の家は城壁によって囲まれているため狭く、上方向に伸びていた。街路周辺の家はそれぞれ同じ業種の職人が固まって暮らしており、その通りの特色となっている。街路には屋台や露店も並んでおり、居酒屋や風呂屋もそこかしこに見られた。学校は修道院に併設されるが、大学は教授宅や広場が教室となる。町外れには死者のための墓地や貧民窟があり、貧民や犯罪者などがたむろしていた。

128

都市と防衛

中世ヨーロッパは
まだまだ危険が多い。

・領主の小競り合い。　・狼などの野獣。
・盗賊の横行。

↓そのため……

街にはさまざまな防衛
施設が作られていた！

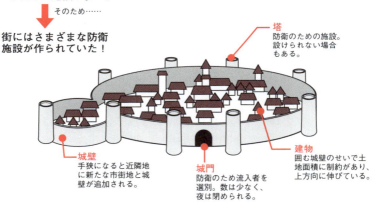

塔
防衛のための施設。
設けられない場合
もある。

城壁
手狭になると近隣地
に新たな市街地と城
壁が追加される。

城門
防衛のため流入者を
選別。数は少なく、
夜は閉められる。

建物
囲む城壁のせいで土
地面積に制約があり、
上方向に伸びている。

都市の中の施設

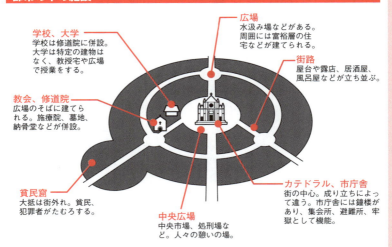

広場
水汲み場などがある。
周囲には富裕層の住
宅などが建てられる。

学校、大学
学校は修道院に併設。
大学は特定の建物は
なく、教授宅や広場
で授業をする。

街路
屋台や露店、居酒屋、
風呂屋などが立ち並ぶ。

教会、修道院
広場のそばに建てら
れる。施療院、墓地、
納骨堂などが併設。

貧民窟
大抵は街外れ。貧民、
犯罪者がたむろする。

中央広場
中央市場、処刑場な
ど。人々の憩いの場。

カテドラル、市庁舎
街の中心。成り立ちによっ
て違う。市庁舎には鐘楼が
あり、集会所、避難所、牢
獄として機能。

関連項目

- 中世の都市のかたち→No.047
- 都市の住居→No.058
- 大学と学問→No.060
- 風呂屋→No.065
- 施療院と奉仕活動→No.084
- 領主→No.091

No.059　第3章●都市とギルド

129

No.060
大学と学問

中世において教育は教会に頼る部分が大きかった。しかし、都市で発展した大学は、教育の新たな形として急速に力を持つことになる。

●新たな知識の殿堂

中世初期、学問は教会や修道院に付随する学校で学ぶものだった。生徒は聖職者や貴族の子弟で、聖職者育成の場でしかない。しかし中世盛期以降、力をつけた市民が学校に通ったり、教師を雇って学習するようになる。やがて彼らは1つの教育センターを形成していく。大学である。

大学は教師と生徒の同業者組合でありながら教皇直下の機関として独自の警察権を持ち、裁判では教皇に直接裁かれる。教授を選ぶ権限や学位授与の独占権も持つ。ここで得る資格は教皇に保証された普遍的なもので、どこの国でも通用する。そのため当時の大学は「普遍学校」と呼ばれていた。卒業した生徒たちは、この資格を生かし役人や書記、聖職者となった。

大学には基礎となる教養学部と、それを収めた後で学ぶ上位の神学部、法学部、医学部などの学科がある。教養学部では自由七科(文法、修辞学、弁論学、算術、天文学、幾何学、音楽学)を学ぶ。上位の学部は大学ごとの特色があり、生徒が教師を雇う形で発展したボローニャは世俗的な法学、教会の影響の強いパリは神学が有名だった。また、この2つは最古の大学としても名高い。サレルノやモンペリエは医学部で知られる。この他にもオクスフォード、ケンブリッジ、ナポリなどの大学があった。

他の学校で初等教育を終えた学生は大体14歳で入学し、教養学部で20歳まで学習する。上位の学部の学習期間は長く、最難関の神学部は35歳くらいまで在籍した。当然、修士や博士への門は狭く修士となれるのは4分の1、博士には一握りの学生しかなれない。また学業は金がかかり、貧しい学生は写本などで金銭を得た。そんな貧しい学生たちを収容する学寮が誕生すると、彼らの大きな拠り所となっていく。だが、学生たちは学問の徒としてだけでなく、乱痴気騒ぎを起こす厄介者としても知られていた。

大学の誕生

教育の場は教会。生徒は聖職者候補。

市民も教師を雇い教育を受けるようになる。

生徒と教師のグループが1つの学習グループを形成するようになる。

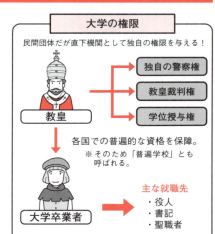

大学の権限

民間団体だが直下機関として独自の権限を与える！

教皇 → 独自の警察権／教皇裁判権／学位授与権

各国での普遍的な資格を保障。
※ そのため「普遍学校」とも呼ばれる。

大学卒業者 → **主な就職先**
・役人
・書記
・聖職者

主な大学と科目

- 〜13歳：初等教育

大学

- 14〜20歳：**教育学部**
  ・文法　・算術　・音楽学
  ・修辞学　・天文学
  ・弁論学　・幾何学

- 21〜35歳：**上位の学部**
  ・神学　・法学　・医学

これらを学ぶには当然費用がかかる。そのため、貧乏な学生は写本などで資金を集めた。

諸国から集まる学生たちは、周辺住民にとって集団で騒ぐ迷惑な存在！

中世の主な大学

中でも中世最初期の大学と目されるボローニャとパリは独自の地位を築いていた。

関連項目

●同業者組合制度→No.067　　●聖職者→No.079
●教皇→No.077

No.061
スコラ学

暗黒時代と呼ばれる中世であるが、さまざまな知的活動が行われた時代でもある。スコラ学はその中で生まれた、思索と論議の学問である。

●徹底的な分析と論議による学問

　スコラ学は、11世紀後半に誕生した中世における代表的な学問である。この時代、ヨーロッパ社会は十字軍遠征で中東の文化と出会い、多大な文化的刺激を受けていた。またグレゴリウス改革による宗教界の刷新、知的活動の喚起はさまざまな学問や学派を生み出すことになる。

　スコラ学は「学校」を意味するラテン語を語源としており、教会や修道会付きの学校、都市部の大学において発展した。スコラ学の目的はキリスト教会における教義を理性的に捉え、その真実を弁証することにある。中核となる思想は、宗教的な心理と理性による分析を融和し、結論を出すというものであった。スコラ学の基本は、対象となるテキストで訴えられた主張を多面的に検証し、その真実を追究することである。そのため目的のテキストを熟読するだけではなく、用語や思想の定義、区別、証明などを行い注釈をつけることで問題点を追及していく。そして、異なる注釈者による矛盾は、互いの論議によってすり合わせ、最終的な合意点を見出した。この分析と論議による学問は、神学を超えた分野でも活用されている。中世に発展した都市の学徒たちの園、大学においては人文学科の教科とされ、文法、修辞学、弁論学の三学、算術、天文学、幾何学、音楽学の四科で構成された自由七科で大いに活用された。

　スコラ学には中世初期から近世までの間に、大きく分けて4つの流れがある。11世紀から12世紀における最初期のスコラ学は神学と哲学がまだ未分化であり、主題が然りか、否かという結論を出すことに終始していた。最盛期と言われる13世紀にはアリストテレス哲学に取り入れられ、体系化されたスンマ（大全）という応答集が数多く生み出されている。後期には二重真理論による合理化が進み、近世から現代に続いている。

スコラ学の誕生と意義

スコラ学とは？

キリスト教会における教義を理性的に捉え、その真実を弁証するための学問。「スコラ」はラテン語で「学校」の意味。

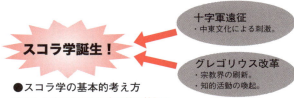

●スコラ学の基本的考え方

対象となるテキストを多面的に検証！

・テキストの熟読。
・用語や思想の定義、区別、証明。
・注釈の付加と公開論議による内容のすり合わせ。

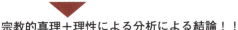

宗教的真理＋理性による分析による結論！！

スコラ学の流れ

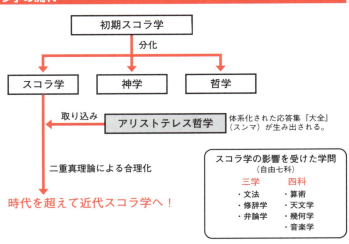

関連項目

●大学と学問→No.060

No.062

都市の食事

さまざまな人々が流入する都市では、食事の様子もさまざまである。
豪奢な食事は貴族にも劣らない。居酒屋や屋台も食事の場であった。

●雑多でにぎやかな食卓

　雑多な住人が集う都市の食事は、その階層や経済力によってさまざまである。しかし、自給自足の農村とは異なり、専門の商売人から金や他の代価で食事や食材を購入することが一般的だった。食料品を扱う業者の種類は多岐にわたり、魚や野菜、塩や香草、牛乳やワイン、油などを常設の食料品店で購入することができる。また、外部の行商人からも購入できた。特に肉は大量に消費されるもので、肉屋は大きな力を持っていた。主食であるパンも、専門のパン焼き職人にパン種を持っていって焼いてもらうか、すでに焼かれたパンを購入する。都市のパン焼き職人は技巧を凝らしたパンを焼いていたが、貧しいものたちは、村のパン屋が売りに来る素朴で大きな田舎パンを好んだ。中世盛期に入ると専門の料理人も登場し、裕福な階層の家庭や居酒屋などで腕を振るうようになる。また、パイなどの軽食や簡単な焼肉なども露店で売られ、気軽に購入することもできた。これらの食品は参事会により管理され、一定の質と代金を保つように指導されていたが、ずるい商売人は多く、質や目方をごまかす場合も少なくなかった。

　裕福な階層が親しんだ食事については、14世紀末の上流市民階級のメナジエ・ド・パリ（パリの家長）と名乗る人物が妻のために残した家訓書から知ることができる。彼らは大宴会を好み、料理は豪勢でメニューは冗長だった。内臓料理やプディング、ソーセージに始まり、牛、鹿、豚、鶏やガチョウ、鶴、ウナギやニシン、その他さまざまな魚、肉入りとそうでないポタージュ、パイと工夫を凝らした料理が食されている。果物はアンズ、サクランボウ、モモ、プラム、ナシ、菓子類はウエハースなどがある。

　その一方で、貧困層はみずから食材を得る機会もなく、聖職者や富裕層が建てた施療院で与えられる簡素なスープやパンに頼って暮らしていた。

134

都市環境を取り巻く食

雑多な人々が暮らす都市では、食の形はさまざま。
食材や食事が色々な場所で提供されていた。

参事会
価格や質の安定を指示。

市民
購入して消費。しかし目方や質をごまかされることもあった。

肉屋 — 大量消費される肉類の重要な供給源。都市部で大きな力を持つ。

パン屋 — パン種を持ち込み焼いてもらうか、売り物のパンを購入。安価な農村のパン屋も人気。

食料品店 — 都市常設の店舗。扱う品は魚や野菜、塩、牛乳、油、ワインなどさまざま。

行商人 — 都市外部から食材、食品を持ち込む商人。

料理人 — 料理の専門家。富裕層に雇われたり、居酒屋や露店を出して料理を提供。

富裕層と貧困層の食事

富裕層

富裕層は大宴会を好み、その財力を生かして多くの
食材と料理をそのメニューに組み込んでいた。

●食材・料理の例（14世紀上流市民階級のもの）
- **前菜** 内臓料理、プディング、ソーセージ
- **肉** 牛、鹿、豚、鶏、ガチョウ、鶴
- **魚** ウナギ、ニシン
- **スープ** 肉入り、肉なしのポタージュ
- **果物** アンズ、サクランボウ、モモ、ナシ他
- **菓子** ウエハース

貧困層

食料を買うこともできない貧困層は、聖職者や富裕層が建てた施療院で、わずかな食事の施しを受けて暮らしていた。

関連項目
- ●かまどとパン→No.033
- ●家畜→No.034
- ●市場→No.066
- ●貨幣制度と為替→No.072

No.063
都市の衣服

都市民の服装は、規制により身分ごとにその色彩や素材が定められていた。しかし、彼らはその制限の中でさまざまな工夫を凝らしている。

●色彩や素材によって区分された衣服

　中世の都市の住人たちの衣服は、貴族のそれと農民のそれの中間に当たるものであると言える。彼らの衣服は衣服規制令によって、ある程度の目安が設けられており、所属する階層や財産に見合った服装が求められた。とは言うものの、これは豪奢を競う市民同士が行き過ぎを戒めるための自主規制に過ぎず、それほど厳しいものではない。規制の例としては、リスの毛皮であるヴェール（白い腹毛）とグリ（灰色の背毛）、アーミン（白テン）などの毛皮や絹の使用の禁止などがある。もっとも、富裕層は気にせずに用いていた。色彩にも制限がある。真紅は高貴な色であり、市民は使用できなかった。黄色、縞模様も被差別対象者の区別に用いられており、道化や芸人、兵士、奉公人といった社会的立場の低い人々、あるいは未熟な子供たちにしか用いられていない。衣装の左右の色を分割するパーティカラーと呼ばれる意匠も、縞の一種とみなされていたためファッションに取り入れられたのは、貴族たちが自らの紋章を模して使用するようになった13世紀以降からである。こうした素材や色彩の制限から都市の住人たちは、刺繍などのデザインに工夫を凝らしている。

　デザイン的には、上層階層は貴族の後追いとも言える服装が多い。動きやすいコトと呼ばれる上着を主体に、男性であればブレーという短いズボンをはく。14世紀に入るとぴったりと身体のラインに沿った衣類が流行し、沢山のボタンで飾られた派手なコタルディやプールポアンが出現した。女性の服装も、胸の深く開いた官能的なものが出回っている。服装が身体にタイトに密着するようになった分、その上から作業用、防寒用に長い袖なしのシュルコやギャルド・ローブという女性用の前掛けを身につけるようになった。また、男女共に髪を覆う被り物をかぶっている。

都市の男女の一般的な衣服

中世の都市の衣服は、所属する階層や財産によって規制があった。

規制の対象例

毛皮	→ 高価なリスや白テンなどの毛皮が禁止されたが、富裕層は気にせずに使用した。
真紅	→ 真紅は高貴な色であり、市民は使用禁止。
黄色、縞模様	→ 被差別対象者の区別として、社会的立場の低いものが使用。

素材や色を制限されたため、刺繍などのデザインに工夫を凝らす。

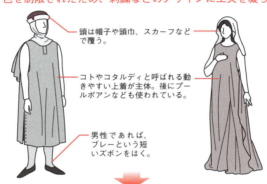

- 頭は帽子や頭巾、スカーフなどで覆う。
- コトやコタルディと呼ばれる動きやすい上着が主体。後にプールポアンなども使われている。
- 男性であれば、ブレーという短いズボンをはく。

時代が下ると、身体のラインに沿った衣類が流行。

- 沢山のボタンで飾られた派手なプールポワン。
- 胸が深く開き身体のラインが出た衣服。
- 作業用、防寒用に袖なしのシュルコや、ギャルド・ロープというエプロンを身につける。

関連項目

● 農村の衣服→No.037　　　● 城の衣服→No.102

No.064

都市の娯楽

活気にあふれた都市には、さまざまな娯楽もあふれている。現代から見れば簡素にも思える娯楽でも、市民たちは大いに楽しんでいた。

●都市の日常を彩る娯楽

　さまざまな階層の住人たちが集う都市での娯楽は、やはりさまざまなものがある。だが、基本的に現代のそれより単純で身体を使うものが多い。

　都市最大の娯楽はやはり祭りである。祝祭の間は教会に舞台が設けられ、典礼劇が行われた。この劇は市民によって演じられており、身分の差もなく皆で演技を楽しんだ。軽業師や動物使い、吟遊詩人などの公演も人気を博している。また、祝祭ではないが王侯貴族のパレード、罪人の処刑なども大人から子供まで多くの見物人を集めた。

　日常生活では居酒屋や風呂屋も娯楽であり、重要な交流の場である。居酒屋は飲酒やさまざまな階層の人々と会話を楽しむだけでなく、さいころ遊びでの賭博も行うことができた。もっとも、居酒屋は賭博専門のイカサマ師の根城でもあるので、大抵は金を失うだけであったが。風呂屋では身体を奇麗にするだけでなく、瀉血などの簡単な医療行為も受けることができた。また、好色な男性陣には湯女によるお楽しみもある。これは後に禁止されたが、専門の娼館も多く対象には困らなかった。

　子供は娯楽の最高の発明者である。子供たちはボール遊びや鬼ごっこ、縄跳びに竹馬、弓や吹き矢による的当て、ブランコ遊びなど現代と同じようにさまざまな遊びに興じている。春ともなれば郊外に出て、虫を捕まえてヒモに結び付けて遊んだり、葦笛を吹いたりもした。このような子供の遊びは、大人たちにとっても十分な娯楽になりえた。かけっこや石投げ、ボーリングに格闘技など多くの大人がその妙技を競っている。これらは賭け事の対象ともなっており、競技をよりエキサイティングなものとした。

　ペットも娯楽と言えるだろう。一般的なのは犬と猫である。だが野犬は狂犬病の媒介者として、猫はその神秘的要素から迫害されることもあった。

138

祝祭や日常で大人が楽しんだ娯楽

主なイベント

祝祭は都市市民の大きな娯楽。
そこで催されるイベントに皆喝采を上げた。

祝祭時のイベント
　典礼劇　　芸人の公演

祝祭以外のイベント
　パレード　罪人の処刑

日常の娯楽

大人の娯楽は社交場が中心。
居酒屋や風呂屋は娯楽の殿堂だった。

主な娯楽の種類
　飲酒　　世間話　　賭博
　入浴　　瀉血　　　娼婦

子供の遊びとスポーツ

子供

現代と同じく子供は遊びの天才。
また、子供たちの遊びは大人にも娯楽となった。

主な娯楽の種類
　ボール遊び　　縄跳び
　鬼ごっこ　　　竹馬
　ブランコ　　　虫遊び
　楽器演奏　　　的当て

大人も楽しんだ娯楽
　かけっこ　　　石投げ
　ボーリング　　格闘技

虫遊び　　　球技

この他にも、犬や猫といった愛玩用のペットを飼うことも流行！

関連項目
●農村の祝祭と娯楽→No.033　　●風呂屋→No.065
●娼婦→No.054　　　　　　　　●吟遊詩人と道化師→No.096

No.065

風呂屋

中世ヨーロッパにおいて、風呂は特別なものではなかった。誰もが入浴を楽しめ、その暖かさの恩恵にあずかっていたのである。

●風呂は誰でも楽しめる娯楽

　とかく不潔であったとされる中世世界であるが、風呂は民衆にとって大きな娯楽であり、一般的な存在だった。これは一部の貴族に限ったことではない。市民や農民に至るまでが暖かく、そして身づくろいを行える風呂の恩恵にあずかっていたのである。もっとも、持ち風呂は少なく、もっぱら専門の風呂屋を利用していた。

　中世ヨーロッパにおける入浴は日本とは違い、早朝に行われた。これはヨーロッパの人々が、疲れを癒すためというよりは身支度を整えるために入浴を行うことに起因している。早朝、準備が整うと風呂屋は大声でがなり立てて客を呼んだ。しかし、追いはぎなどの被害を防ぐため、夜明け前の呼び込みは禁止されていた。風呂屋は農村の小さなものから市街地の大きなものまでさまざまで、その形態も大分違う。農村のものは川べりにあり、パン屋と兼用のものもあった。パン屋の風呂は、パン焼き窯を利用した蒸し風呂である。客は窯の上に設えられた浴室で蒸気を浴びて汗を流し、身体を拭った。市街地のものはより大きく温浴、蒸し風呂など複数の浴室を備えている。数も多く、大体の市街地には一軒の浴場があった。市街地の風呂屋では、温浴や蒸し風呂を楽しむだけでなく飲食や飲酒、係員による垢すりや洗髪と散髪などのサービスを受けることができた。また、風呂屋は医療行為の場でもある。風呂屋では、瀉血や外科手術が行われており、浴場主は膏薬などを作る技術も持ち合わせていた。

　風呂屋は衛生施設というだけでなく、身分を問わない交流、娯楽の場であった。そのため、貧民も恩恵にあずかれるように、財産家が寄付して入浴させるようなことすらあった。しかし、中世後期の梅毒の流行や売春窟化により風呂屋文化は衰退し、浴場主もまた賤民とされるようになる。

中世ヨーロッパの入浴事情

風呂屋の流行と衰退

衛生の場、娯楽の場として誕生。

大都市などでも、娯楽の場として大いに流行する。

風呂屋の売春窟化、疫病の流行により廃れる！

風呂屋で受けられるサービス

- 入浴
- 垢すり
- マッサージ
- 洗髪
- 散髪
- 髭剃り
- 瀉血等
- 飲酒
- 賭博

※ 風呂屋の主人や理髪師は、これらのための医療技術を持っていた。

中世ヨーロッパの入浴

- 入浴の機会は多ければ毎日。
- 最下層の民衆も4週に一度は入浴が保証された。
- 貧民であっても、寄付により入浴できる。

※ 不潔なイメージがあるが、実際には貴族、平民問わず風呂は頻繁に利用されていた。

農村の風呂屋と都市の風呂屋

農村の風呂

- 防火と水の便から川べりにある。
- 木桶を使った温浴、もしくは蒸し風呂。双方備える規模があることは少ない。
- 中にはパン焼き窯からの熱気を利用した蒸し風呂もあった。

都市の風呂屋

- 社交場なので数が多い。
- 少なくとも1つの市街地に1つある。
- 温浴、蒸し風呂双方備えるものが多い。
- 垢すりなどのサービスがつく。
- 飲酒や賭博もできる。
- 売春、犯罪の温床にもなった。

関連項目

● かまどとパン→No.033
● 都市の娯楽→No.064

No.066
市場

市場は日々の日用品、商売のための必需品などが売られる大事な経済交流の場である。市場の安定化は、貨幣経済の発展を促していく。

●都市の発展をもたらした経済流通の場

　中世ヨーロッパにおいて、物流の中心となったのは農村や都市で定期的に開かれる市場であった。特に王や貴族に保護された大市の存在は、経済や情報、そして金融業の発展に大きな寄与をしている。

　市場は農村や都市の教会、城砦近くの広場で年市であれば年に数回、週市であれば毎週、定められた日程で開催された。この日には旗が掲げられ、それが翻る間は外部の小商人でも開市権が与えられる。立ち並ぶ店には都市在住の職人や商人の固定式の店舗もあれば、移動式の屋台、露天に商品を広げるだけのものなどさまざまだった。これらの店は商売をする商品ごとに固まっており、望みの商品を探しやすくなっている。また、大規模な金銭が動くことから両替商や金貸しなどの金融業者もいた。さらにある種のお祭り騒ぎであるから、旅芸人たちの公演なども行われている。

　大市と呼ばれる大規模市としてはフランドル地方の大市、サン・ドニの大市、ランドックの大市などが知られており、特にシャンパーニュの大市が名高い。この定期市はラニー、バール・シュル・オーブで年1回、プロヴァン、トロワでは年2回開催され、期間はそれぞれ6〜7週間であった。フランス王とシャンパーニュ伯によって保護された大市は、商人たちが安心して商売ができるよう、さまざまな便宜が図られている。会場となった市場近くには専門の宿が設けられ、街道、市場には武装した護衛が付く。通行税などの減税措置もとられ、さらには監視官が公正な取引や契約が結ばれるか立会い、公証人がそれを記録した。支払いは手形の形で行われ、最終的に債務返済のかたちで清算される。この大市には清算のために周辺国家の貨幣も多く集まり、イタリアの両替商たちの取引技術の確立、ひいては貨幣経済の発展にも大きな役割を果たした。

生活必需品を手に入れるマーケット

市場とは？

中世における商品流通の中心であり、所定の場所で定期的に開かれる。

開催地の中心は
- 教会。
- 都市。
- 城砦。
- 農村。

これらの広場や周辺の空き地で行われる。開催中は目印の旗が立てられた。

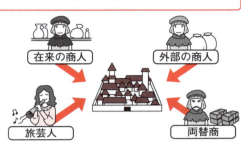

市場の旗が立つ間は、外部の旅人も商売を許された。そのため、商人ばかりでなく、旅芸人や金融業者なども集まるお祭り騒ぎとなった。

経済を発展させた大市

大市とは？

中世に開かれた市の中でも、非常に規模が大きい市場。領主の積極的な保護により発展した。

経済のため、市場を活性化させたい！

領主

商人への安全確保と便宜
・街道の警備と護衛。
・通行税の減税。
・専門の宿の配置。

商取引の公正化と便宜
・監視官による商取引の監視。
・公証人による記録。
・支払いの手形化。

外部の商人　　市場

中世でも高名だった大市

中でも4都市で順繰りに開催されるシャンパーニュの大市は、フランス王、シャンパーニュ伯の保護を受け、大いに発展した。

関連項目
- 中世の交通→No.019
- 商人→No.051
- 流通と交易→No.071
- 貨幣制度と為替→No.072

No.067
同業者組合制度

同業者組合は増大する商人や職人たちが、互いの利益を守るために結成した組織である。彼らは、この組合を通じて商品価格などを決めた。

●商売の動向や商品の流通を取り決めた組織

　一般にギルド、あるいはツンフトと呼ばれる同業者組合は、新興都市内部でその数を増やしていった商人や職人たちが、自分たちの生活保護や作業の安定化のために相互協力を行う組織である。その起源については諸説あり、城砦や修道院付きの職人集団から自然発生的に発展したものであるとか、職人を管理するために領主が率先して組織化したものである、あるいはローマ時代の同業者職人集団を起源とするとも言う。また、職人集団の宗教的な相互援助組織である兄弟団こそが、その起源とする説もある。

　ギルドはそれぞれのギルドごとに1つの金庫、1つの印璽、1つの標識を持つ。ギルドに入会するためには定額の加入金に加え、その都市の市民権の取得、賤民でないことの証明、親方就任披露の宴会を開く費用、そして職人であれば、親方になるための技量を選定する作品の提出が求められた。新たな親方を任命し、組合長を選出できるのは親方衆であり、彼らの下にいる職人や下男、見習いにその権限はない。ギルドは就業時間、扱う商品の売却数、商品の品質の維持、販売価格を取り決め、互いに不利益が起こらないよう定める。ただし、彼らが勝手に商品の値段を吊り上げたり、商品の供給を怠らないように、常に市当局の監視を受けていた。雇用可能な職人の数や雇用方法についての取り決めもなされており、職人の引き抜きも厳しく禁じられている。親方衆はたびたび会合を行い、さまざまな決まりごとを定めた。祭りの際には正装して華々しいパレードも行っている。

　ギルドは武装権を有しており、有事の際には職人たちを動員して武装して兵士として戦う。その他にも、ギルドごとに都市に対してのさまざまな義務を持っており、たとえば風呂屋は火事の際には桶を持って現場に駆けつけ、消火に勤めなければならないと定められていた。

同業者組合の起源

同業者組合とは？(ギルド、ツンフト)

商人や職人たちが、自分たちの生活保護や作業の安定化のために相互協力を行うための組織。

- 城砦、修道院付きの職人
- 領主が組織した職人集団
- 兄弟団（職人の扶助組織）
- ローマ時代の同業者組合

同業者組合の成り立ちには諸説ある。

同業者組合の仕事

職人 → 必要なものをそろえ入会を希望する。→ 同業者組合
同業者組合 → 問題がなければ組合に加える！職人の雇用数、引き抜きを監視。→ 職人
市当局 → 商品供給や商品価格を監視。→ 同業者組合

入会に必要なもの
- 定額の加入金
- その都市の市民権
- 賤民でないことの証明
- 親方就任披露宴会の費用
- 親方試験のための作品

同業者組合の象徴

1つの金庫	1つの印璽	1つの標識

同業者組合の権限

- 親方の任命
- 組合長の選出
- 就業時間の決定
- 職人の武装化
- 商品販売数の決定
- 商品品質の決定
- 販売価格の決定

同業者組合の義務

- 兵士としての活動
- ギルドごとに決められた都市への義務

例）風呂屋ギルドは火事の際の消火活動

関連項目
- 衛兵と警吏→No.050
- 職人→No.052
- ギルドの種類→No.068
- ギルドと職人の暮らし→No.069
- 兄弟団と結社→No.074

No.068
ギルドの種類

ギルドやツンフトと呼ばれる同業者組合は、共通点を持つ他のギルドと提携し、ゆるやかにまとまった集団を形成していた。

●ゆるやかにまとまった専門職の組合

　ギルドは職人たちが互いの利益の保護や、利便性を考えて立ち上げられた同業者組合である。ギルドと一口に言っても、君主に承認された宣誓同業組合と、都市の支配下にある規制された同業組合などの差がある。

　ギルドの職人は1つの業種内で分業しない代わりに、関連する業種間でゆるやかにまとまった集団を形成して、より大きなギルド集団として活動していた。たとえば建築業者であれば、石工、左官、大工、屋根職人、レンガ職人などが協力している。また、1つの業種が分割され、分業化していくこともある。皮革加工業者である馬具職人は、革紐製造業、手綱製造業、袋製造業、鎧職人など20ほどの専門職人に細分化している。

　1つのギルドに所属する職人の種類が一定とも限らない。13世紀のプラハの画家、看板描きのギルドには、ガラス職人、金細工師、羊皮紙工、製本工、木彫師が参加していた。しかし、後にその多くが独立したギルドを運営している。さらに、生き物に対して刃物を振るうという理由からか、床屋と医者は肉屋と同じギルドとして扱おうとすることもあった。

　高額な商品を扱う商人や職人は裕福で身分も高く、肉屋、魚屋、パン屋などの一部の食品業者を除く安価な商品を扱うものは貧しく、身分も卑しいとみなされた。特に貴金属を扱う細工師は評価が高く、金細工師は神のごとき職人とされている。中には貴族や王家出身の金細工師すら存在していた。その一方で、同じ金属加工品を扱う職人でも雨どいなどの鋳造職人などはそれほど裕福でもなく、ブリキ職人は貧しい生活をしていた。繊維業者、皮革加工業者にも裕福なものは多い。特に羅紗や毛皮を扱う商人や職人の立場は強かった。しかし単価の安い亜麻布の織り工や、織物や皮革を加工する仕立て屋、皮革製品の職人などは貧しい生活を送っている。

職人、商人の利益を守るギルド

ギルドには君主に承認された宣誓同業組合と、都市の支配下にある規制された同業組合がある。

●外部ギルドとの分業の一例

関連業種が集まったもの

建築業ギルド
- 石工　　・大工　　・レンガ職人
- 左官　　・屋根職人

1つのギルドが職能ごとに分化したもの

馬具職人ギルド	**皮革加工ギルド**
	・革紐製造業　・袋製造業　・その他 ・手綱製造業　・鐙職人　　合計約20業種

しかし……

ギルド内での分業はしていない!!
外部の関連業ギルドとゆるやかに提携して分業をしている。

さらに……

ギルド内が同一業種とは限らない！
同業者組合であるギルドだが、別業種が寄り集まったものもある。

●他業種ギルドの一例

画家、看板描きギルド ※13世紀プラハ
- 画家　　　・ガラス職人　・羊皮紙工　・木彫師
- 看板描き　・金細工師　　・製本工

後に各業種のギルドに細分化。

中にはこんな極端な例も！ ※13世紀プラハ
- 肉屋　　　・床屋　　　・医者

生き物に刃物を振るうことから。

扱う商品とギルドの地位

ギルドの地位は扱う商品によってほぼ決まる。高額商品、嗜好品や必需品ほど高く、低額なもの、なくても困らないものほど低い。

※パン屋、肉屋、魚屋などは安価でも地位は高い。

●金属加工業の場合

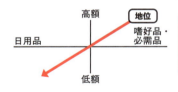

金細工師　　神のごとき職人！

鋳造職人　　裕福ではない。
ブリキ職人　貧しい生活。

●繊維、皮革加工業の場合

羅紗職人　　裕福！
毛皮職人

亜麻布織工　貧しい生活。
仕立て屋
皮革職人

関連項目
- ●商人→No.051
- ●職人→No.052
- ●同業者組合制度→No.067
- ●ギルドと職人の暮らし→No.069

147

No.069
ギルドと職人の暮らし

ギルドに所属する職人たちの労働は、親方たちに管理されていた。彼らはその指導のもと、日々の生活のために手を動かす。

●手を動かして糧を得る日々

ギルドに所属する職人たちは、親方の住居に住み込み1階にある作業場で忙しい日々を送っていた。水車式の槌が必要な染色職人や鍛冶職人、なめし場が必要ななめし職人などは専門施設を利用することも多い。

職人としての第一歩は、徒弟として親方につくことから始まる。最初のうちは親方の奥方から家庭の雑事や子守などを任され、仕事は暇な時に自発的に学ばねばならなかった。仕事ができるようになっても賃金は安いが、代わりに教育を受けさせてくれる親方もいる。3年から5年ほどの徒弟期間が終わると、いよいよ職人として働くことができた。もっとも、より多くの時間が必要な業種もある。

職人は技術者であることから賃金は保証されていたが、親方から独身の強要をされたり、雇用期間も週雇いや日雇いなど不安定だった。また、熟練工は親方への昇進試験を受けることになるが、親方の増加を嫌うギルドにより、職人遍歴を強要されることもあった。女性の権利意識が低いと見られがちな中世だが、女性の職人もいる。彼女らの賃金は男性よりが低かったが、その分雇用機会があった。特に金糸職人、帽子職人や絹織物職人など被服関連には女性職人が多い。また、親方の妻も仕事を手伝った。

作業時間は、通常夜明けから日没までだった。夜間の労働は照明代がかかるからである。また、長時間の労働は商品の過剰供給や、質の低下も招く。そのため、ギルドは労働時間を厳格に管理していた。野外で活動する石工や左官に場合は、天候や季節にも労働時間が左右される。休日は通常、土曜の正午から半日と日曜日1日で、その他にも祝祭日やギルドのミサの日も休業となった。作業は分業制の流れ作業ではなく、金属職人なら金属職人、革職人なら革職人と他業種と協力しながら行われた。

職人の労働

●職人の労働は、親方およびギルドの方針によって厳格な規定があった。

仕事場
仕事場は住居の1階。
※鍛冶屋や染物屋、なめし工など、特別な施設を必要とする場合もある。

仕事内容
商品作成や作業。
すべての工程を1人で行う。
※職人ギルド自体が分野ごとに細分化され効率化が図られた。

労働時間
日没から日暮れまで。
※燃料や賃金の節約、生産調整などの意味もある。

休日
日曜日と祝祭日。
土曜は午後から休業。
ギルドのミサの日も休日。
※職種により天候の影響を受けることも多い。

職人たちの待遇

職人

雇用
・さまざま。数日から数週間の短期雇用もある。
主な仕事と賃金
・賃金や労働内容が保証されている。
その他の待遇
・親方によっては、独身や職人遍歴を強要される場合もある。

徒弟

主な仕事と賃金
・雑用。親方の奥方から家事を押し付けられることもある。
・仕事を覚えるまで無給で養育費は親が払う。基本的に給金は低い。
その他の待遇
・技術は自由時間に覚える。教育を受けられることもある。

女性職人

主な仕事と賃金
・帽子職人や絹織物職人など、被服関連には専門の女性職人が多い。
・賃金は男性の職人より安いが、雇用機会は多い。
その他の待遇
・専門職人以外に親方の奥方もたびたび職人仕事を手伝う。

関連項目

●職人→No.052
●同業者組合制度→No.067
●ギルドの種類→No.068
●遍歴職人制度→No.070

No.070

遍歴職人制度

遍歴職人制度は、職人が一人前の親方となる前に諸国を旅して技術を磨く制度である。しかし、この修行の旅には隠された目的があった。

●増加した職人を追いやるための修行の旅

　ギルド、あるいはツンフトと呼ばれる同業者組合において、若い職人は親方になる前に数年間、諸国を遍歴して新たな技術を習得し、人格を磨くことが義務化されていた。この掟に従い、多くの若い職人たちが春になると杖と短剣を手に、頭には自分の職を示す帽子をかぶってまだ見ぬ土地へと旅立って行った。だが、この制度には職人の腕を磨かせ、諸外国の技術を習得させるという名目上の目的だけでなく、実利的な問題も絡んでいた。組合の親方株の定員制である。15世紀に入ると都市経済の発展は頭打ちになり、親方を無制限に増やせば商売が立ち行かなくなる状態となっていた。商売を続ける限り、若い職人は次々と生まれていく。しかし、親方になれず、使い潰されるだけではやがて不満を抱えて騒乱の元となってしまう。そんな彼らを体よく追い出し、職人の数を調整する手段が遍歴職人制度だったのである。遍歴制度を最初に規定したのは1375年のハンブルグの皮鞣（かわなめ）し工組合で、その頃はまだ義務化されたものではなかった。しかし、時代が進み遍歴制度が広まるに連れて、制度が義務化されていく。

　わずかな給金でこき使われていた職人たちが、義務とはいえ諸国を旅することは大変な困難を伴った。そこで彼らが頼ったのが、同種の職人で構成された共同体である兄弟団である。彼らは目的の町に着くと、兄弟団が管理する酒場へと向かう。そこで身分証明のあいさつを行い、仲間と認められれば仕事先を紹介してもらえた。もし、話がまとまったら、遍歴職人は市議会に対して騒乱を起こさない旨を誓う請願書を出し、次の春まで親方の下で腕を磨くことになる。仕事が得られなければ、一夜の宿と路銀を得て新しい町へと旅立って行った。こうした職人たちの旅と交流は、技術的な交流にとどまらず、文化や物語の伝播も促すことになる。

遍歴職人制度の誕生

遍歴職人制度とは？

親方を目指す職人が新たな技術を学び、人格を磨くために諸国を遍歴する制度。14世紀頃に始まり、後に義務化する。

しかし……

実態は親方衆の地位を守るための制度！！

・親方株は定員制なので親方を目指す職人は減らしたい。
・外部から来た若い職人たちを使い潰したい。

何の職人か示す帽子。

遍歴職人の証の杖と短剣。

親方衆 → 修行の旅に送り出す → 遍歴職人

遍歴職人が仕事をもらうまでの手順

●**無事に仕事をもらえるケース**

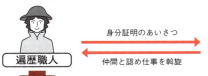

同じ業種の職人が集まった一種の労働組合。

遍歴職人 ←身分証明のあいさつ→ 兄弟団
遍歴職人 ←仲間と認め仕事を斡旋 兄弟団

・市議会に騒乱を起こさないという誓約書を提出。
・次の春までという契約で兄弟団指定の親方の下で修業。

●**仕事をもらえないケース**

遍歴職人 ←身分証明のあいさつ→ 兄弟団
遍歴職人 ←仕事のあてがない 兄弟団

・一夜の宿と路銀を提供してもらい、次の街に移動する。

関連項目

●中世の情報伝達と郵便→No.020　　●兄弟団と結社→No.074
●同業者組合制度→No.067

No.071

流通と交易

中世において、大規模かつ迅速な商品輸送の手段は船を使うことだった。そのため、商品集積地となる港は大いに繁栄した。

●主な輸送手段は海上輸送

移動手段が発展した現代と異なり、中世における流通と交易は、はなはだ不便なものだった。道路の状態は決して良好ではなく、陸路での運搬を担うのは馬車やロバ、そして人力を使う他ない。しかし、それらが運搬できる荷物の量も、移動速度も限られたものであった。そのため、大規模流通にはもっぱら海路、あるいは河川が用いられていた。

12世紀から14世紀にかけて流通、金融の中心となったシャンパーニュは、陸路と河川で結ばれた交易地だった。毛織物産業で隆盛したフランドル地方と、商取引の盛んな北イタリア諸都市を結ぶ要所であり、シャンパーニュ伯の尽力もあって多くの商人を集めた。しかし政治体制が変化し、イタリア商人がジブラルタル海峡を越え、フランドル地方に到達する航路を開拓すると急速にその求心力を失っていく。新たな流通の中心となったのはフランドル地方のブルッヘで、海路による大量輸送により交易の一大中心地となっただけでなく、国際的な金融市場の拠点としても機能した。ハンザ同盟のリューベック、ハンブルク、北イタリアのヴェネチア、ジェノバなどの都市も貿易、金融で繁栄している。また、内陸部ではドイツのフランクフルト、フランスのパリ、リヨンなどがシャンパーニュの後を引き継いだ。フィレンツェも、羊毛貿易で大きな利益を上げた。

主な交易品の品目は、北欧の毛皮や木材、蜜蝋、タラ、バルト海のニシンなどの魚、イギリスの羊毛と錫が名高い。加工品はやはり毛織物が一大産業であり、フランドルにイタリアやフランスが続いた。ワインはフランス産が喜ばれ、染料はドイツ内陸部が産地とされる。東方からはイタリアを通じ中東の絹織物や明礬、インドの香辛料がもたらされた。また、亜麻や穀物などの必需品も各地で生産され、必要とされる地に届けられている。

流通経路の移り変わり

中世の交通は、はなはだ不便。陸路での流通よりも、船を使った海路の方が大量輸送が可能で便利だった。

12世紀の流通

・毛織物の産地フランドル地方と、商業が盛んな北イタリアの中間地点、シャンパーニュ地方の大市が中心。
・流通経路は陸路が中心。

14世紀以降の流通

・ジブラルタル海峡を越えて海路で直接フランドル地方に向かう航路が開拓される。
・シャンパーニュは政治体制の変化により失速。
・港町ブルッヘが流通の中心に。
・陸路の中心は、パリ、リヨン、フランクフルトに移行。

流通した商品とその他の有力な都市

北欧：木材、毛皮、蜜蝋、タラ
イギリス：羊毛、錫
バルト海：ニシン
フランドル：毛織物
ドイツ：染料
フランス：ワイン、毛織物
イタリア：毛織物、絹織物、明礬、香辛料

ハンザ同盟に属するリューベック、ハンブルグは北海貿易で隆盛を極める。

ジェノバ、ヴェネチア、フィレンツェは商業、金融業で大きな利益を上げた。

この他亜麻、穀物など多くの日用品が、生産地から必要とされる場所に届けられた。

関連項目

●中世の交通→No.019　　●商人→No.051

No.072

貨幣経済と為替

中世初期において、貨幣は物の価値の基準に過ぎず、その絶対数は少なかった。だが商業の昂進は、貨幣による流通を求めるようになる。

●商取引の増加が生んだ金融システム

　中世初期、古代ローマからの貨幣による経済活動は、ごく小規模なものへと縮小している。ゲルマン社会では貨幣は主に、物の価値を示す基準として用いられ、取引は物々交換が主流だった。そのため遠隔地商人は地中海や中東での貿易のために、イスラムの金貨ディナールやビザンツのビザントを用いていたが、供給や保障はそれらの土地に頼らねばならなかった。

　中世の貨幣制度はカール大帝の貨幣制度改革を出発点としており、デナリウス銀貨を基準に物の価値を定めたものだった。だが、その品質は年々劣化して信用を失い、流通数も決して多くはない。その一方で、農業技術の発展による余剰作物の増加、商業活動の活発化により商人たちは西欧諸国内でより安心して使える貨幣を求めていた。また、日用品や食料を購入する都市の住人、それらを供給する農民にも日常生活の中で使える小額の貨幣が必要であった。12世紀半ば、この要望に応えヴェネチアで高品質なグロス銀貨が鋳造されるようになる。さらに13世紀にはヴェネチアやジェノバとフィレンツェで、中東との高額交易のためにドゥカート、ジェノヴェーゼ、フローリンなどの金貨が鋳造されるようになった。これにより、中世の貨幣経済は金貨と銀貨を基準とした貨幣制度へと移行していく。

　安定した通貨の供給は、貨幣を用いた取引を発展させることになったが、同時に困った問題も引き起こす。多額の貨幣は重く、持ち運びに不便であり、貨幣を所持しての移動は盗賊に襲われる危険性も孕んでいた。また、独自通貨の発展により、それらを両替するシステムも求められた。そうした需要に応えたのが、両替商を含む銀行業である。特にイタリアで用いられた為替手形を用いた信用取引は、遠隔地での安全かつ迅速な商売を可能とし、大規模商業の発展に大いに貢献した。

貨幣経済の再生

中世初期の貨幣経済の状況

●古代ローマ
属領からの富を背景に、貨幣による商取引が成立。

●中世初期
異民族の流入により、商取引の形態が変わる。

貨幣はあくまで価値の基準。実際は物々交換が主流。

商人

東方で供給、保証される貨幣での取引を余儀なくされる。

異民族

しかし……。

カール大帝の貨幣改革により、デナリウス銀貨を基準とした貨幣経済が動き出す！

新たな貨幣と為替取引

新たに生まれる高品質な貨幣

デナリウス銀貨による貨幣経済が動き始めたものの、その信用度は年々低下……。

信用できる貨幣が欲しい！

商人

日常的に使える小額貨幣が欲しい！

市民・農民

金融、商取引の盛んな都市で高品質な貨幣が登場！

ヴェネチア
ドゥカート（金）
グロス（銀）

ジェノバ
ジェノヴェーゼ（金）

フィレンツェ
フローリン（金）

必要から生まれた為替

重い！
盗賊が怖い！

商人

そこで……

為替手形を用いた信用取引が発展！

関連項目
●中世の農法と農産物→No.029
●商人→No.051
●流通と交易→No.071

No.073
街道の宿屋

さまざまな身分の人々が旅をした中世世界において、宿は一時の安らぎを得られる空間だった。その宿には階層ごとのグレードがある。

●一時の安らぎをもたらす宿

　徒歩が主な移動手段であった中世世界において、旅の途中で安全に宿泊できる宿の存在は欠かせないものであった。そのため、宿は各地の街道沿いで発達し、さまざまな階層に向けて多様化していく。

　貧民や巡礼者は専門の施療院や貧民宿を利用しているが、商人や貴族は有料の宿を利用している。これらの宿でも小規模な村落のものは、居酒屋と兼業の宿が多い。だが、主要な街道や都市の門、市場近くに設けられた宿はより設備の整ったものだった。こうした宿は、地方や土地で定められた形式の固有の屋号と看板を持っている。この看板は、その宿がどのようなサービスを提供するかも示していた。たとえばフィレンツェであれば、看板にフィレンツェの紋章が描かれた皿が掲げられていれば食事も提供されるという具合である。宿として認められるには、一定規模以上の設備を備えていなければならず、食堂と客室、ベッド6台以上、馬10頭を繋ぐことができる厩舎を備えていることが最低限の条件とされていた。だが、現実には厩舎と母屋が一体になっている宿や、広間1室の貧しい宿も多い。

　有力な商人や貴族が宿泊する高級宿は3階建てで、1階は厩舎と倉庫、2階は食堂、3階は客室といった構造となっている。また、チェスなどの遊具を備えた遊戯室すら備えた宿もあった。客室は個室で鍵がかけられるようになっており、ベッド、机と椅子、チェストが備えられている。だが、こうした設備を使えるのはあくまで主人たちだけであり、従者たちは厩舎や納屋で眠った。より一般的な宿は2階、もしくは3階建てで、1階に食堂を持ち、厩舎や中庭もある。また、高級宿ほどではないものの、宿として最低限の備品を備えていた。だが、ベッドは大抵共用で2人以上が全裸で寝ることが常であった。客室にトイレもなく、夜間はおまるを使った。

宿の定義とニーズの細分化

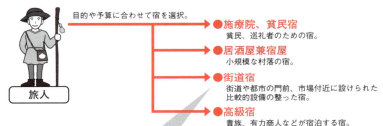

目的や予算に合わせて宿を選択。

- ●施療院、貧民宿
  貧民、巡礼者のための宿。
- ●居酒屋兼宿屋
  小規模な村落の宿。
- ●街道宿
  街道や都市の門前、市場付近に設けられた比較的設備の整った宿。
- ●高級宿
  貴族、有力商人などが宿泊する宿。

旅人

宿として認められるにはさまざまな条件が必要！

1. 屋号と看板
   地方ごとに定められた形式のもの。看板はサービス内容を示す。

2. 一定以上の設備
   ・食堂と客室。
   ・ベッド6台以上。
   ・馬10頭を繋ぐことができる厩舎。

> 母屋と厩舎が一体のものや広間1室だけなど最低限条件を満たしただけのものが多い。

裕福な人々が宿泊する宿

●高級宿

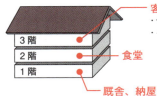

- 客室
  ・個室で鍵をかけられる。
  ・ベッド、机、椅子、チェストなどの家具完備。

※ 客室に宿泊できるのはあくまで主人のみ。従者は厩舎、納屋に宿泊。

- 厩舎、納屋

●一般宿

- 中庭
- 客室
  ・ベッドは2人以上で共用。
  ・トイレはなし。

※ 夜間はおまるで処理。

- 厩舎
- 食堂

関連項目

- ●中世の交通→No.019
- ●居酒屋→No.035
- ●施療院と奉仕活動→No.084
- ●巡礼→No.086
- ●従卒と小姓→No.093

No.074

兄弟団と結社

職人の組合組織として知られるギルド。しかし、一般の徒弟や市民たちは、自分たちのための組織として兄弟団に入会していた。

●会員同士が助け合う兄弟となる

中世世界の都市は、同業者組合であるギルドによって動いている面があった。ギルドは都市の経済を支配し、会員と彼らが雇用する職人や店員を兵士として供給する。だが、ギルドの会員となれるのは財産を持つ独立した職人や商人、つまり親方と呼ばれる人々であり、零細な職人や市民、女性は会員として受け入れられることはなかった。そこで、彼らが社会的地位の向上のために目をつけたのが、兄弟団と呼ばれる組織である。

兄弟団は本来宗教的な団体で、死後の平穏を得るために滞りなく埋葬されるべく、入会者たちが金銭的、人的に助け合うことを目的としていた。兄弟団の入会者は、団が定めた聖人を崇拝し、契約した修道院に祈祷のためのろうそくを収めミサや奉仕活動を行う。また、入会者が死亡すれば葬儀を手伝い、その後も供養をした。これらの活動のために入会者は会費を支払うが、その会費は宴会などに用いてはならないとされていた。

初期の兄弟団には親方たちも入会しており、職人たちも同じ兄弟団に入会させていた。しかし、中世後期に入ると、兄弟団は労働組合的な色彩が強くなっていく。職人や徒弟たちは独自の兄弟団を作り、宗教的な活動以外に会員同士の会合や労働条件の向上のためのストライキなどを盛んに行うようになる。また、会合を開くためのスペースを得るために宿と契約を結び、職人宿や酒房とした。職人宿は諸国を旅する遍歴職人たちの拠点となり、同じ兄弟団に属する宿に泊まれば食事や酒を与えられ、仕事の先も面倒を見てもらえた。だが、部外者がこの恩恵を悪用しないように、兄弟団は秘密のあいさつや特殊なステップを作り、これで入会者を判別するようになる。この閉鎖性と遊び心は、やがて古代の密儀宗教のそれと結びつき、最終的には知的な遊戯の場である秘密結社の誕生へと繋がっていく。

兄弟団の誕生

兄弟団とは？

死後の平穏を得るために滞りなく埋葬されるべく、入会者たちが金銭的、人的に助け合うことを目的とした宗教的組織。

兄弟団の主な活動
- 団の定めた聖人の崇拝。
- 契約した教会へのろうそくの納入。
- 教会のミサへの参加。
- 教会への奉仕活動。
- 団員の葬儀、埋葬、供養。

職人の兄弟団
親方が主導し、職人たちも所属。

一般の兄弟団
身分や性別に関わりなく、所属できる。

変化する兄弟団

ギルド
中世世界で絶大な権力を誇る！

※しかし財産を持つ男性の商人、職人しか所属できない。

自分たちも社会的地位を向上させるための組織が欲しい。

ギルドに所属できない人々

ギルドに対抗する組織として目をつける。

兄弟団

↓

労働組合として機能するように！

兄弟団会員以外に利権を用いられたくない……。

職人宿と酒房（兄弟団利権の1つ）
兄弟団が契約した宿。兄弟団に所属すると利用できる。遍歴職人などの活動拠点となる。

↓

秘密の合言葉、ステップなどを用い、一部の団は秘密結社化！！

関連項目
- 商人→No.051
- 職人→No.052
- 同業者組合制度→No.067
- 遍歴職人制度→No.070
- 街道の宿屋→No.073

第3章●都市とギルド

シャリヴァリと暴走する若者たち

　中世に行われた風変わりな風習に、シャリヴァリと呼ばれるものがある。これは共同体の規範を損なったものに対する儀礼的な罰則であり、共同体の若者の結婚の機会を奪うような婚姻、つまり老齢者が若い娘と結婚をする際に、共同体の若者たちによって行われた。

　若者たちは結婚初夜になると犠牲者の家の周囲に集まり、その窓際から罵声を浴びせる。内容は卑猥なものから、妻の尊厳や夫の資格を問うものまであるが、大概はそれだけで済むたあいもないものであった。だが、エネルギーを持て余す若者の暴走は、時に死傷者を出す暴力行為にまで発展することも多かった。結婚式に乱入して、新郎新婦はおろか司祭を殴りつけたり、新郎を連れ去り居酒屋や娼館へと引き回すなど、度を越えた悪ふざけが公然と行われている。

　このような風変わりな儀式的暴力は他にもある。ロバ乗り行列というものがそれで、夫としての権威を発揮せず、妻に暴力を受けたり尻に敷かれたものに科せられる。現代では考えられないことだが、当時の社会では父や夫の権威は絶対であり、その秩序を乱すことは全体の調和を乱すことに繋がるという通念がまかり通っていたのだ。この刑罰では、犠牲者はかごをかぶせられ、糸をつむぐための紡錘竿を持たされ、ロバに後ろ向きに乗せられて行進をさせられる。つまり、女性とみなされたのである。時には尻を露わにされることすらあった。

　シャリヴァリやロバ行列に限らず中世の若者たち、特に都市部の若者たちは持て余した活力を発散する場を求めていた。彼らは居酒屋などにたむろし、暇つぶしのようにたびたび犯罪に加担した。特に地方から都市部に集まった学生たちは、出身地域ごとの同郷団を結成し、たびたび他のグループと諍いを起こしている。学生たちが厄介だったのは、彼らが身分的には聖職者に属していることだった。そのため、彼らは教会法でしか裁くことができず、問題を起こしては特権を振りかざし、市当局の役人を困らせている。

　市当局はこうした若者の暴走に対し、さまざまな対策を行ったが、それは抑圧する形ではなく、情熱を発散させる形であった。公営の娼館などはこうした対策の１つである。また、祝祭日に騎士たちのトーナメントを模した槍試合や擬似戦闘、弓や石弓の競技大会を行うこともあった。これらの擬似戦闘はガス抜きの効果だけでなく、都市を防衛する民兵の質の向上にも繋がった。こうした試みの究極の姿は、若者の暴力集団の囲い込みである。市当局は若者の集団を公認し、リーダーとして都市貴族の子息を送り込み慈善や友愛の団体として機能させようとしたのである。この試みは一定の成果を見せ、所属する若者たちの価値観を改善させた。しかし、この試みに従う若者ばかりではなく、暴力行為を止めない集団も多かった。

第4章
教会と聖職者

No.075
宗教施設とその区分

中世における宗教施設には、いくつかの種類がある。しかし、どのような差異があれ、それが大事な祈りの場であるのは変わらない。

●祈りを捧げる人々の拠り所

　中世世界における祈りの場は、用途や規模によりいくつかの区分がある。

　村落にある宗教施設には、領主などの土地所有者が私的に所有していた礼拝堂と、洗礼などのための施設を有する教会の2種類があった。礼拝堂はミサのための施設で、日曜のミサを行うために用いられたが、大規模な典礼や秘蹟を受けるには規模も設備も足りなかった。そのため、中世初期において小教区の中心として認められたのは、正式な教会のみだった。しかし、カロリング朝以降、私的礼拝堂の所有者の権力が強まると、私的礼拝堂にも小教区の中心としての資格が与えられるようになっていく。これには、小教区からもたらされる権益を欲する領主と、早世することが多かった子供の洗礼を早期に身近な施設で受けたい領民たちの要望があった。

　都市における信仰の中核となったのは、巨大な宗教施設カテドラルである。カテドラルは司教が管理する司教区の中心となる教会で、大聖堂とも言う。カテドラルには後にゴシック様式と呼ばれることになる中世最先端の技術と芸術の粋が駆使されており、教会の権威と地上の楽園を民衆の眼前に現すことに主眼が置かれている。大聖堂は歴代司教の地下墓室の上に建築されることが多く、その規模と装飾のため完成までには多くの時間と労力、そして財貨が費やされた。その財源は寄付や聖堂参事会からの融通、そして都市共同体の資産である。当然、一度に必要な資金が集まるわけではなく、資金が尽きるたびに建築は中断された。カテドラルは司教の住居であり、民衆の祈りの場、ギルドの集会の場としても利用されている。

　禁欲的修道生活を送る修道士が住む修道院は性質上、自身の運営する直営地、支配する荘園の中心にある。しかし、都市を主軸に活動する托鉢修道会が生まれると、その拠点も都市部に置かれるようになった。

私的礼拝堂と教会

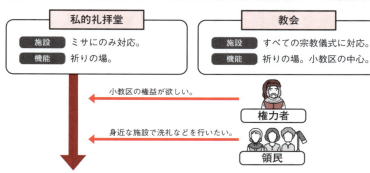

カテドラルと修道院

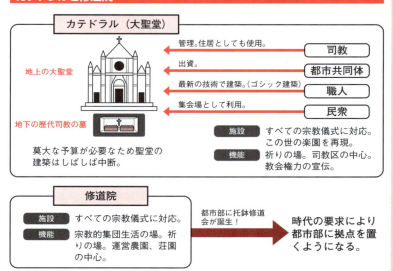

関連項目
- 領土と小教区→No.004
- 信仰と暮らし→No.005
- 司教→No.078
- 聖職者→No.079
- 領主→No.091

No.076
教会と修道院の住人

信仰の場である教会や修道院。そこに住むのは多くの聖職者と、彼らの生活を支える俗人たちである。

●神の家に住まう人々

　教会や修道院は、信仰に生きる人々の祈りの場であり、生活の場でもある。だが、そこに住んでいるのが聖職者ばかりとは限らなかった。

　教会やそれに付随する司祭館であれば、その教区に赴任した主任司教と彼を支える下級聖職者、下男などがいる。規律の乱れた時代には司教にも妻帯者が多く、妻子と暮らすものもいた。また、田舎なら司祭と家族、下男程度しかいないことも多い。一方、領主や王が私的に任命した名前だけの司祭は任地に赴かず、代理司祭がその任を果たすこともあった。複数の教区を管理し、多くの寄進地を領主として支配する司教の周辺には、通常の聖職者以外にも代理を務める司教補佐、儀式を執り行う副司教がいた。また、印璽を保持する尚書官やその配下の公証人、裁判を行う教会判事などの役人、戦力となる騎士、さらには貴婦人まで侍らせている。その上に君臨する教皇ともなれば、種々の役人や聖職者の他に20名程度の枢機卿を抱えていた。彼らは教皇特使として各地を訪問し、教皇の選出も行う。

　修道院では大修道院長、あるいは修道院院長といった首長の下、俗世と縁を切った修道士たちが集団生活を営んでいた。院長の下には副院長、院長代理、財務係、宝物庫係、看護係、施物係、厨房係、聖歌係といった役職持ちの修道士や、司祭資格を持つ懺悔聴聞師がいる。助修士はまだ出家していない俗人であるが、修道院における労働や畑仕事に従事し、戒律も守り聖職者としての教育を受けている。自分の財産を寄付し、それと引き換えに住居や食料、介護を受ける人々もいた。彼らは献身者、贈与者と呼ばれ祈りに参加もするが、当人の意思で修道院を去ることもできた。それ自体が1つの大きなコミュニティであった修道院は、この他にも多くの下男、農奴、職人を抱えている。

教会の住人

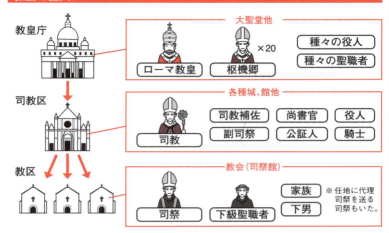

修道院の住人

- 労働や畑仕事に従事。
- 戒律も守り聖職者としての教育を受ける。

献身者、贈与者

- 財産を寄付し、引き換えに住居や食料、介護を受ける。
- 祈りに参加。当人の意思で修道院を去ることもできる。

下男、農奴、職人

関連項目
- 農奴→No.026
- 司教→No.078
- 聖職者→No.079
- 領主→No.091
- 騎士→No.092

No.077

教皇

教皇は、ローマ・カトリック教会を治める最高指導者である。しかし、中世の教皇は、その権威を世俗支配に向けるものも少なくなかった。

●ローマ・カトリック教会に君臨する父

　教皇とはローマ・カトリック教会の総帥であり、中世世界の聖俗両面において絶大な権力を誇っていた。しかし、元来は「神の僕らの僕」として、信徒を導く存在であり、ラテン語で父を意味する「パパ」と呼ばれていた。

　元来、教皇は使徒ペトロ（?-67?）の血を礎とする、ローマ教会の司教という名誉職でしかなかった。しかし、教皇レオ1世（在位440-461）は、東ローマ皇帝に与えられた権限を神から与えられたものと主張し、続くグレゴリウス1世（在位590-604）は、西ローマおよび西ヨーロッパにおける異民族への布教と東ローマ教会からの離脱を図り、西方における教皇中心のローマ・カトリック教会の基礎を築くことになる。教皇権力の中央集権化が進んだのは、11世紀から始まる聖職者の腐敗を正すための教会改革、および俗界権力者による聖職者叙任に抵抗した叙任権戦争を廻る争いに端を発する。この争いの中でグレゴリウス7世（在位1073-1085）はキリスト教世界において教皇は裁かれることはなく、皇帝すらも罷免しうる至高権を持つと主張した。教皇が聖俗界の支配者である思想は歴代教皇に受け継がれ、11世紀から12世紀までの間に、教皇庁を頂点とした教会の組織化が急速に進んでいくことになる。12世紀後半には、イノケンティウス3世（在位1198-1216）によって教皇の教会組織への支配が絶対的なものとなり、擬似的な君主として俗界へも強い影響力を持つに至った。

　キリスト教世界の支配者たる教皇は独自の領土を持ち、枢機卿と呼ばれる直属の顧問団、教皇税制によって得られた莫大な収益や公文章を管理する会計院と尚書院を抱えている。また、列聖、修道院の開設許可、破門、大罪の赦免などの強大な権限を有していた。この教皇の巨大な権力は、多くの腐敗した教皇を生み、俗界君主との諍いの元となってしまっている。

166

教皇権力の独立化

ローマ教皇とは？

中世世界の聖俗両面において絶大な権力を誇ったローマ・カトリックの総帥。元来は信徒を導く「神の僕らの僕」。ラテン語で父を意味する「パパ」と呼ばれる。

本来は使徒ペトロから続くローマ教会の名誉職。

ローマ・カトリック教会による中央集権化が図られるようになる！

教皇の君主化

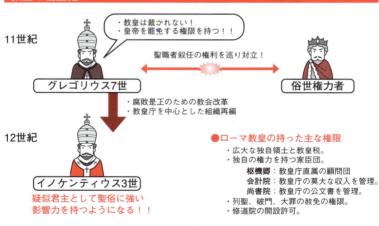

関連項目

●司教→No.078　　　　　●聖職者→No.079

No.078

司教

司教は司教区に存在する教会と、そこを治める聖職者たちを統括する
上位聖職者である。その権力はほとんど領主のそれであった。

●聖職者たちを統括するエリート

司教は小教区において司牧を行う聖職者たちを統括する、上位の聖職者
である。彼らは神の定めた使徒の役割を後継したと信じられ、教会の典礼
を司る最高の司祭であるとされた。司教は自分が治める司教区に存在する
教会の司祭を任命し、彼らを導く役目を持つ。その権限は強大であり、世
俗の領主や貴族となんら変わることはなかった。

司教は司教座聖堂参事会によって選出され、任命後はその会員として他
の司教に対する選出や助言を行う。一般の司教の上には主要都市にある管
区を統括する大司教が存在しており、その頂点に立つのがローマ司教でも
ある教皇である。司教たちは基本的に選挙後、教皇によって任命を受ける
が、その権利の有用性ゆえに例外も多い。特に世俗権力の介入は大きく、
時には選挙を経ずに、俗人が司教に任命されることすらあった。

司教の仕事は権限に比例して多岐にわたる。彼らは司教区内の教会や修
道院を巡察し、そこに所属する聖職者から聞き取り調査を行って、問題の
解決を促す。また、新たな教会を聖別し秘蹟を授け、聖職者の教育もしな
ければならない。教皇と共に教会裁判の裁判権を持つ司教は、小教区で行
われる教会裁判の裁判官の任命を行うことができ、信徒に対してはキリス
ト教徒としての権利を剥奪する破門制裁を下すこともできた。

一方、世俗領主としての司教は、領土経営のために協働司教、首席司祭、
司教総代理、文章局長、助祭長などの補佐役、そして俗界の騎士たちに囲
まれ独自の兵力をも備えていた。彼らは城砦化された教会や城砦そのもの
に住み、その周囲の司教区を支配する。そこから得られる収入に加え、司
教座聖堂参事会からの聖職者生計資産、教会の収入では10分の1税の4分
の1、さらに聖職継承にまつわるさまざまな手数料などまで得ていた。

168

強大な権力を誇る教区の頂点

司教とは？

使徒の役割を後継したとされる上位の聖職者。教会の典礼、教区の聖職者たちを統括する役割を与えられている。

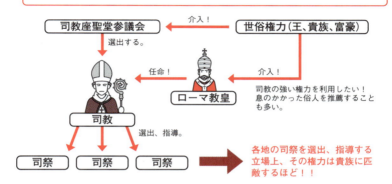

司教の仕事

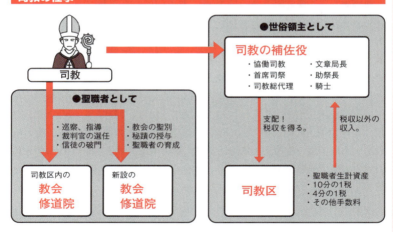

関連項目
- 信仰と暮らし→No.005
- 聖職者→No.079
- 領主→No.091
- 騎士→No.092
- 城砦と王宮→No.098

No.078 第4章●教会と聖職者

169

No.079
聖職者

聖職者は在家の信徒たちを統括し、彼らを教え導く人々の総称である。彼らはミサで平和を祈り、信徒に正しい生活のあり方を説いた。

●神の王国の管理者たち

聖職者は出家して教会に仕えることを選んだ人々の総称であり、教会のさまざまな庶務を行うと共に、世俗と関わり信徒を導く役割を持つ。

聖職者の起源は、キリストの12使徒にさかのぼる。キリストにより使徒に任命された彼らは指導者となり、やがてその権威をもって後継者を任命していった。2世紀頃には、すでに聖職者と一般信徒の区分が明確となっており、4世紀に入るとローマ皇帝コンスタンチヌス（在位306-337）によって、特権階級としての聖職者が確立することになる。

聖職者は上位と下位の階級を持ち、下位は下から守門、読師、祓魔師、持祭、上位は副助祭、助祭、司祭と昇進していく。聖職者となるには、司教の立会いの下、剃髪式を受ける。髪を落とし俗世との絆を断ち、神と司教からの任命を受けるのである。その後は戒律を守り役職をこなし、上の階級を目指すことになる。この他、領主が独自に任命する場合もある。

聖職者は教皇、司教が支配する司教区や小教区という一種の国家や市町村のような区分の中で、ミサ、洗礼、懺悔、結婚、埋葬といった宗教活動、教会の管理や信徒の指導である司牧、奉仕活動などの職務を行う。彼らは教区における領主や役人であり、民衆の相談役でもあった。また、中世における知識人階級である聖職者は、学校を開き若き聖職者候補や平信徒を指導している。だが、聖職者のすべてが聖書や学問に通じていたわけではなく、田舎の下位聖職者は文盲であることがほとんどだった。

一方、修道士は使徒的清貧の暮らしを目指し、世俗の暮らしを捨てて出家した人々である。彼らは戒律に従い、祈りと労働の集団生活を送った。

聖職者は教会の裁判所である教区裁判所以外に裁かれることはなく、税務上でも特権を受けている。そのため、悪徳に身を染めるものも多かった。

聖職者とその仕事

聖職者とは？

聖職者とは、教会に仕えることを選んだ人々の総称であり、教会の運営に携わり世俗の人々を導く役割を持つ。

●聖職者になるには

- 司祭の立会いの元、髪を剃り俗世との絆を断つ。
- 神の司教の名の下、任命を受ける。
- その後は戒律を守って役職を果たし、上位の階級を目指す。
- 領主が独自に任命することもある。

●聖職者の階級（下位）

- 守門
- 読師
- 祓魔師
- 持祭

●聖職者の階級（上位）

- 副助祭
- 助祭
- 司祭

●聖職者の主な仕事

- ミサ
- 懺悔
- 埋葬
- 奉仕活動
- 洗礼
- 結婚
- 司牧
- 教育

●聖職者の歴史

聖職者の歴史は12使徒までさかのぼる。
彼らはその権威を背景に、後継者を指名。
後継者たちは信徒の指導者的立場となる。

2世紀には、一般信徒と聖職者の区分は明確になった。
4世紀には皇帝の命により、特権階級としての立場が確立される。

●聖職者の立場

聖職者は特権階級であり、法的にも独立した存在。
彼らの犯罪は教会の裁判所、教区裁判所で裁かれる。

そのため、悪徳に身を染める聖職者は少なくなかった！

修道士とは？

修道院で暮らす聖職者たち。使徒的生活を目指しており、俗世とのかかわりあいを捨てている。戒律を守り、清貧と労働の日々を送る。

関連項目

- ●領土と小教区→No.004
- ●司教→No.078
- ●領主→No.091

No.080
教会と修道院の暮らし

聖職者は祈る人々と呼ばれている。その生活の根幹は神への祈りと民衆の教化であるが、人であるがゆえに俗界との絆は切れない。

●階級により異なる聖職者の暮らし

　聖職者の仕事は神に仕え、その威徳を人々に伝えてその生活を導くことである。彼らは自らの職務を遂行し、戒律を学びながら上の役職を目指す。

　俗界に身を置き教会に仕える聖職者は、その階級により役割が定められている。下位聖職者である守門は教会堂の鍵や祭具を管理し、読師は民衆に祈祷文の読み方を教え食物を聖別し、祓魔師は悪魔祓いの資格を持つが祭儀には参加できない。侍祭になって初めて祭儀の補佐を行うことができた。上位聖職者の副助祭は祭儀補佐を、助祭は洗礼と聖体授与の秘蹟を執行できる。そして、司祭になって初めて、洗礼、改悛、堅振、聖体、婚姻、品級、終油の7つの秘蹟とミサ、祭礼の執行を許された。司教は信徒を管理する教会の区画である小教区や教区を統括する行政官であり、その上には彼らを束ねる大司教、そして教会権力の中枢たる聖堂参事会、枢機卿、教皇が君臨している。司教以上の聖職者たちの暮らしは、貴族のそれに近く聖職者としての儀式以外にも所領の運営や聖職者の管理、裁判などを行っている。一般的な村の司祭は、日常の中で日曜祝日のミサや洗礼、婚姻、埋葬などの宗教業務を行い、民衆を慰撫した。彼らは自分の土地を所持しており、日々の祈りが終われば耕作をして自分で収入を得ている。また、小教区の民衆からの10分の1税から得られる報酬や、民衆からの謝礼、寄進も重要な収入である。なお、俗界にある聖職者は妻帯も珍しくない。

　修道士はこれら俗界の暮らしから自らを切り離し、修道院長の下で共同生活を行い祈りと労働の日々を送った。その暮らしは時間によって細かく区切られ、私語や娯楽も許されない。だが、多くの土地と人員を確保した修道院はたびたび腐敗の温床となっている。また、会派によっては俗界聖職者と同じ階級を持ち、司教や司祭を俗界の教会へ赴任させている。

172

教会の聖職者たちの役職と職務

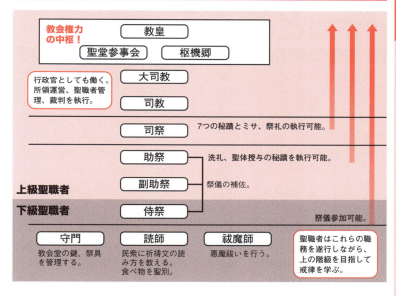

一般的な村の司祭と修道士たちの暮らし

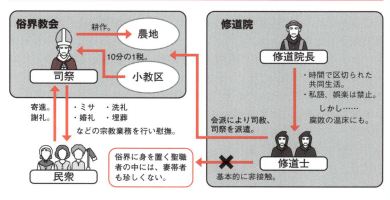

関連項目

●領土と小教区→No.004
●信仰と暮らし→No.005
●教皇→No.077
●司教→No.078
●聖職者→No.079

No.081
教会と修道院の施設

中世の教会はその規模により備えた施設の数が異なる。しかし、その中心となったのは礼拝堂とその内部にある祭壇だった。

●祈りの場に備えられたもの

　中世の教会はその規模や様式で備える設備が異なる。田舎の教区教会であれば、大きな部屋の中に礼拝堂（聖堂）を備えた程度のものでしかない。また、領主の私設礼拝堂であれば、文字通り礼拝堂のみの建物である。より規模の大きい教会であれば、神の威光を示す尖塔と鐘突き堂を備える場合もあった。礼拝堂の中は祭壇と説教台を備え聖職者しか入れない内陣、そして信徒が集う身廊、側廊に分かれていた。現代のようにベンチを備えてはおらず、ミサの時には信徒たちが自分でクッションなどを持ち込む。教会にはどこでも聖杯、聖櫃、聖油器、香炉、洗礼盤、十字架、聖母像、聖人像などの聖具が備えられていた。教会は石造り、あるいは頑丈な建物であることが多く、広いスペースを備えるため、地域の住民の集会場や談合、契約の場としても利用された。また、非常時の民衆の食料貯蔵庫や避難場所としても使われる。そのため、どの教会でもある程度の防御施設を備えていた。司祭の住む司祭館は、領主の館に近い設備があったが、それほど規模の大きいものではない。墓地は野生動物や外敵に備えるために柵が廻らされており、敷地内に小さな礼拝堂や納骨堂が建てられていた。

　修道院の場合、その施設自体が生活の場であるため教会よりも多くの施設を持つ。中でも重要なのは四角く廻らされた回廊で、修道士以外の立ち入りは禁じられていた。修道士たちはこの回廊を歩きながら聖書を読み、思索にふけり、書写をし、時には散髪まで行った。また、至聖所と内陣を備えた礼拝堂に聖具室、集会室、談話室、書庫、食堂、厨房、暖房室、トイレなども備えられている。修道士とそれを補佐する助修士には明確な身分の差があり、礼拝を行う内陣、食堂、トイレは互いに違うものを用いた。寝所は共同であるが、簡素な壁で区切られている場合もある。

教会の施設

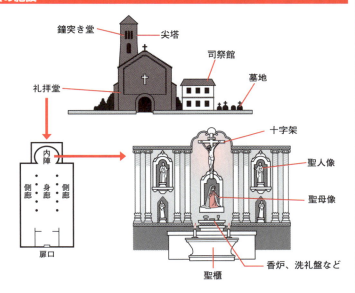

修道院の施設

理想的とされた修道院の平面図

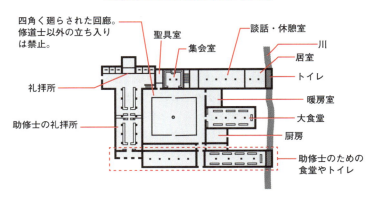

関連項目

●聖職者→No.079　　　　　　　　●領主→No.091

No.082
教会と修道院の食事

聖職者たちは清貧を尊ぶ。彼らの食事もまた、必要最低限のものと定められていたが、決して貧しいばかりのものではなかった。

●祈りの暮らしを支えた食事

　キリストの使徒を手本とする聖職者には、節制と清貧が求められた。食生活も例外ではなく、その規範は修道院での生活に求めることができる。

　修道院での食生活は、『聖ベネディクトゥス戒律』に則ったものとなっている。食事は基本的に正餐と午餐の2食で、復活祭から聖霊降誕祭までは、6時課（正午頃）に正餐を、夕方に午餐を取った。夏の期間中は水曜と金曜だけ9時課（午後3時頃）に正餐を、四旬節から復活祭までは、夕方に正餐を取るのみとなる。食事の内容はパンと調理されたおかず2品、果物か野菜となる。さらに、ワインかピグメントゥムと呼ばれる蜂蜜などを加えたワイン、もしくは蜂蜜酒かビールがついた。食事は腹八分目であることが求められ、過度の飲酒は禁じられている。戒律には修道士が取るべき食物の基準として、パンは1日に1リブラ（約300g）、飲料は1日1ヘミナ（約0.75ℓ）という分量が記載されている。食事中の私語も禁止である。また、菜食主義が基本とされており、四足獣の肉類は病人や貧者に施す以外は禁止されていた。肉の代用品としては豆類や卵、乳製品が用いられたが、精進日には卵や乳製品は避けるようにとされている。しかし、肉ほどには規制を受けてはいない。逆にキリスト教において魚は精進日を象徴する食べ物であり、とりわけ聖職者は魚を食べることを推奨された。

　しかし実際の聖職者の食生活は、こうした建前に即したものではなかった。教会勤めの司教や司祭の食生活は、その思想や環境に左右される。世俗領主化した司教の食生活は、領主のそれと変わらない。また、貧窮に喘ぐ田舎司祭なら、周囲の信徒と同様の貧しい食生活となった。修道院でも状況は変わらず、修道院長が宴席で客人を持て成す制度を利用してご相伴にあずかる修道士や、酒の醸造に情熱を燃やす修道士が後を絶たなかった。

修道院の食事

復活祭〜聖霊降誕祭（春季） 全日

水、金 / その他

夏季

四旬節〜復活祭（冬季） 全日

● 『聖ベネディクトゥス戒律』が基本！

1日の食事の量
- パン：1リブラ（約300g）
- 飲み物：1ヘミナ（約0.75l）

1食の献立
- パン
- おかず2品
- 野菜、果物
- 酒類　ワイン、ピグメントゥム（蜂蜜入りワイン）、蜂蜜酒、ビール

おかずの決まり
- 獣肉
  病人、貧者への施し以外厳禁。
- 豆、卵、乳製品
  豆以外は精進日には禁止。
- 魚類
  聖職者の食事として推奨！

聖職者の食事

● **本来は聖職者の食事も『聖ベネディクトゥス戒律』が理想！**

しかし、実際には思想、環境の影響を受ける……。

世俗領主化した聖職者の場合

 貴族同様の豪華な食事を取る。 → 貴族

田舎司祭の場合

 民衆と同じく粗末な食事を取る。 → 民衆

修道士でも……

 宴席接待を利用してご相伴にあずかる。 貴賓　 酒類の醸造に情熱を傾ける。

関連項目

- ●中世の時間と暦→No.006
- ●司教→No.078
- ●聖職者→No.079
- ●領主→No.091

No.083
教会と修道院の衣服

キリスト教会は、キリストとその使徒を理想とする精神世界を重んじていた。そのため、彼らの衣装も古式ゆかしいものだった。

●身体を覆い隠す神聖なる衣

　中世の聖職者の衣は、ローマ帝国やビザンツのそれの流れを汲んでいる。基本的には長くゆったりした衣で、その上にさまざまな付属品を重ねた。

　助祭の祭服は丈の長いアルバと呼ばれる衣を内着とし、その上にダルマティカという袖のゆったりとした貫頭衣を身につける。このダルマティカは助祭を示す標章でもあった。そして肩からは帯状の肩掛けストラを下げ、手にはマニプルスという腕帛を下げる。司祭は肩衣であるアミクトゥスとアルバを内着として身につけ、その上にカズラというマントを着る。そしてストラ、マニプルスを下げる。司教はアミクトゥスとアルバの上から2本の帯飾りで飾られたダルマティカ、カズラを着用し、肩にはストラか、大司教であれば黒い十字架を印した白い毛織物の帯パリウムを身につける。頭には司教冠ミトラをかぶり、手には司教杖を握る。教皇となれば、さらに教皇のための肩衣であるファノネなどが加わる。これら上位聖職者の服装に対し、下位聖職者が身につけたのは、丈の短いアルバだった。なお、祭服は色分けされており、それぞれ別の祭礼で用いるようになっている。

　修道士は俗界と距離を置き、清貧を求められていたため基本的には質素な服装に甘んじていた。亜麻かウールのチュニック、短い袖付きの式典用の祭服、そして頭巾付きの修道着がその衣服のすべてである。色は黒、灰色、茶色のみが許された。しかし、12世紀に入ると白も許されるようになる。靴は革の靴、夏用のスリッパ、冬用の木靴を使った。なお、これらの服装は所属する修道会によって細かい差異がある。

　修道士の補助を行う助修士も服装を厳しく制限され、違反品は没収された。着用が許されたのはチュニックなどの上着、ズボン、ソックス、頭巾付き外套、帽子で、靴は留め金が木、象牙、鉄のみが使われた。

178

聖職者の一般的な衣服

No.083
第4章 ● 教会と聖職者

中世の聖職者の祭服は、古代ローマやビザンツの祭服の流れを汲んでいる。

●助祭の祭服
- 助祭はダルマティカという上着を着る。
- 首からストラという帯を下げる。
- 腕にはマニプルスという腕帯をかける。
- 内着としてアルバという長チュニックを身につける。
- アルバの上には肩衣のアミクトゥスをつける。

●司祭の祭服
- 司祭はカズラというマントを着る。

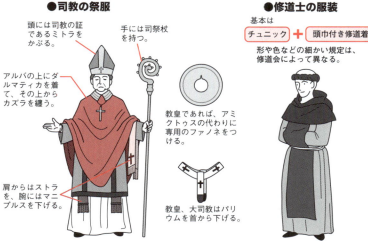

●司教の祭服
- 頭には司教の証であるミトラをかぶる。
- 手には司祭杖を持つ。
- アルバの上にダルマティカを着て、その上からカズラを纏う。
- 肩からはストラを、腕にはマニプルスを下げる。
- 教皇であれば、アミクトゥスの代わりに専用のファノネをつける。
- 教皇、大司教はパリウムを首から下げる。

●修道士の服装
基本は チュニック ＋ 頭巾付き修道着

形や色などの細かい規定は、修道会によって異なる。

関連項目

- 教皇→No.077
- 司教→No.078
- 聖職者→No.079

179

No.084
施療院と奉仕活動

困窮する他者を救済することは美徳である。その理念に従い、中世の
人々は積極的に貧者や病人の救済を行っていた。

●天国へ至るための救済

　キリスト教において、貧者や弱者への救済は天国へ至るための重要な功
徳である。金持ちが天国の門をくぐることは難しいとする教えとあいまっ
て、中世の教会、修道院は好んで貧者への救済活動を行っていた。

　施療院の始まりは、ローマ時代の裕福な婦人の活動から始まったとされ
ている。以来、教会や修道院は「神の家」、あるいは「ホスピタル」と呼
ばれる慈善施設で、さまざまな奉仕活動を行ってきた。ここで養われる人々
は、「神の貧者」と呼ばれ、貧民、病人、老人、寡婦といった生活困窮者
だけでなく、巡礼なども含まれている。施療院に受け入れられた人々は食
事や入浴といったサービスを受けられた。ベッドは若い母親や臨終間近の
人以外、複数で1つのベッドを使わされたがいつも清潔に保たれている。
だが、日常の所作、外出制限、モラルの管理など規則面での束縛は厳しかっ
た。また施療院とは言うものの、現代のように積極的な治療行為が行われ
たわけでもない。これらの施療院には財産を贈与することで、終生生活の
面倒を見てもらえる制度も存在していた。

　12世紀に入り、都市や商人の勢力が強くなると、彼らもこうした慈善
活動に参入するようになっていく。救済の民営化とも言うべきこのプロセ
スには、ペスト禍による貧民の増加や社会基盤への不安も上げることがで
きる。こうして民間でも営まれるようになった施療院には、旧来の救貧院
的なものだけでなく、実際の医療を行う専門的な病院、ライ病患者のため
の収容施設、孤児院、養老院などのさまざまな専門施設があった。

　これらの救済団体の中でも特異なのがベギン会である。托鉢修道会が後
ろ盾となったこの会は貧窮した女性たちで構成されており、在俗の聖職者
として自分たち同様に苦しむ女性や貧民の救済に勤めた。

施療院と神の貧者

施療院とは？

貧者、弱者への救済というキリスト教的思想から、教会、修道院が運営した施設。ローマ時代の富裕な夫人の活動から始まったともされる。

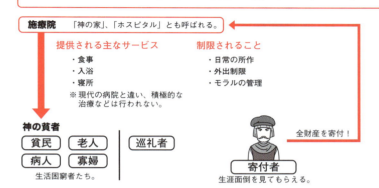

発展する施療院

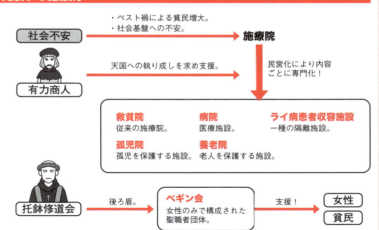

関連項目

●商人→No.051
●乞食と貧民→No.056
●巡礼→No.086
●聖職者→No.079

No.085

聖人信仰と聖遺物

中世世界において、聖人は特殊な立ち位置にある。彼らは異教的信仰がキリスト教的価値観の中で生き延びた姿だった。

●キリスト教に取り入れられた異教的神と民話

　ローマ・カトリック教会を始めとするキリスト教会は、その信仰を拡大する中で、古くからの異教的神々への信仰を打破する必要があった。そこで教会は古代の信仰を矮小化し、自らの教えの中へと取り込むことで古い神々を信じる民衆をキリスト教徒へと改宗させていった。本来偶像崇拝が禁じられているキリスト教でイエスやマリアの像を奉ることも、復活祭で樹木を用いることも、異教的信仰の儀式を取り入れた名残である。聖人という唯一の神以外の存在への信仰も、こうした異教的文化の名残の1つだった。聖人はその土地ごとに崇拝された神々の名残、あるいは民話などの主人公である。彼らの伝承はキリスト教的訓話へとすり替えられ、その奇跡は神の力によってもたらされたものへと変わっていった。

　キリスト教的価値観において、聖人は殉教者であり立派な行いや奇跡を体現した人物である。奇跡を起こした彼らの聖性はその死後も残り、遺骸は腐ることがなく、その遺品である聖遺物やゆかりの土地には病の平癒や願望成就の力があるとされた。また、日にちごと、職業ごとの聖人がおり、職業聖人は同業者組合の信心会によって大いに崇拝を受けた。中世は聖人信仰が爆発的な広がりを見せた時代であり、13世紀のドミニコ会士ヤコブス・ア・ヴォラギネ（1230?-1298）の編纂した聖人列伝『黄金伝説』は喝采を持って迎えられている。その加熱振りは、多くの教会が聖人や聖遺物の捏造、あるいは奪い合いを行うまで発展した。巡礼ブームにより、有名な聖人の遺物を所持する教会や修道院は、莫大な収益を得ることができたからである。この加熱ぶりを重く見たローマ・カトリック教会は、異教的な聖人を排除し、聖人の氾濫を抑制するために奇跡の有無によって教皇が聖人を認定する叙聖制度を設け、教会の管理下に置くようになった。

聖人信仰の誕生

聖人とは？

キリスト教的価値観において、立派な行いや奇跡を体現する殉教者たち。朽ちることのない遺骸や持ち物に聖性が残っていると考えられる。

- 異教の神
- 異教の聖遺物
- 民話の主人公

異教の名残

教説に積極的に取り込む。 ← キリスト教勢力

- キリスト、マリアの偶像化。
- 復活祭などの樹木信仰の取り込み。
- 民話のキリスト教的訓話化。

などなど

聖人信仰が誕生！

- 聖遺物やゆかりの土地に治癒力があると巡礼が流行。
- 曜日ごと、職業ごとに守護聖人が設定され同業者組合などに信仰される。

加熱する聖人信仰

聖人列伝『黄金伝説』が登場！（13世紀）
ドミニコ会士ヤコブス・ア・ヴォラギネ編纂

← 熱狂的に支持。 民衆

聖人信仰が一気に過熱！！
巡礼先の教会、修道院の収入、権威が増す。 → 聖人、聖遺物の捏造、奪い合いが発生！

← 過熱ぶりを問題視。規制に乗り出す。 ローマ・カトリック教会

聖人をローマ・カトリック教会が管理
- 異教的な聖人の排除。
- 奇跡の有無で教皇が聖人を認定する叙聖制度が設けられる。

関連項目

- 信仰と暮らし→No.005
- 同業者組合制度→No.067
- 教皇→No.077
- 巡礼→No.086

No.086

巡礼

巡礼は救済を望む中世世界の人々が、その信仰心を満たすべく、聖地を目指す行為である。だが、そこには常に困難が付きまとった。

●情熱が導く困難な旅路

11世紀、ローマ教皇ウルバヌス2世（1042-1099）によるエルサレムのキリストの墳墓を奪還せよという檄は、多くの貴族や民衆の心を捉え、宗教的情熱を掻き立てることとなった。だが、聖地と呼ばれる場所への巡礼は、何もエルサレムへの旅路だけではなかった。人々は多くの聖跡や聖遺物を目指し、日々の暮らしを捨てて旅立っている。その目的は宗教的救済の他にも、病平癒などの現世利益の祈願、さらには観光もあった。

巡礼者は教会法の上で保護された、「神の貧民」とみなされていた。彼らはつば広の帽子にすその長い服、ホタテ貝のバッジを身につけ旅に出る。手には水やワインを入れるひょうたんを吊るした巡礼杖を持ち、背には頭陀袋を背負う。頭陀袋には路銀が入っていたが、それで賄えない場合は、教会法が彼らの助けとなった。教会や修道院に客人として宿を求めることができたのである。その際、徒歩での巡礼は宿代がタダになったため巡礼は徒歩が多かった。だが、その旅路は決して平坦なものではない。病にかかることもあれば、野党に襲われたり、悪質な村人や市民に騙され殺されることすらある。そのため、懲罰としての巡礼が命じられることもあった。逆に、困難な巡礼の旅を無事に終えたものは人々の尊敬を受けた。

巡礼たちの目的地は、聖地か聖遺物が納められた教会である。第一に挙げられるのはエルサレムで、巡礼たちはここで棕櫚の枝を頂いて持ち帰ることを目的としていた。続いて高名なのが使徒たちの墓のあるローマ、イベリア半島の北西、ガリシアの聖ジャック（大ヤコブ）の聖跡、サンチャゴ・デ・コンポステーラである。この他にも、モン・サン・ミシェル、アッシジ、マリア信仰関連などが知られていた。これら巡礼地には案内書も発行されており、未知の土地を旅する手助けとなっていた。

巡礼の始まり

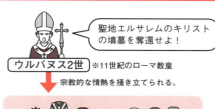

ウルバヌス2世 ※11世紀のローマ教皇

「聖地エルサレムのキリストの墳墓を奪還せよ！」

宗教的な情熱を掻き立てられる。

聖地巡礼の主な動機
・宗教的救済を求めて。
・病気平癒など現世利益を求めて。
・宗教的罰則として。
・観光。

 貴族
 民衆

聖地への巡礼が流行するようになる！！

聖地を目指す巡礼者たち

- **巡礼杖** ワインや水の入ったヒョウタンを吊るす。
- **頭陀袋** 路銀などを入れる。
- **服装** つば広の帽子、裾の長い服やマント、ホタテ貝のバッジなど。
- 巡礼者

教会法のもと、「神の貧民」として保護。→ 修道院／教会

成し遂げた人を尊敬。→ 民衆

巡礼者たちが目指した主な聖地（当時から案内書が発刊されていた）

- モン・サン・ミシェルなど南仏の聖地
- 多くの使徒たちの墳墓があるローマ
- その他、マリア信仰の聖地
- 聖ジャックの聖地、サンチャゴ・デ・コンポステーラ
- キリストの墳墓があるエルサレム

関連項目
- 中世の交通→No.019
- 街道の宿屋→No.073
- 教皇→No.077

No.086 第4章●教会と聖職者

185

No.087

異端

異端とは正統であるローマ・カトリック教会とは、異なる主張を持つ
キリスト教信者である。だが、その根底には教会への反発があった。

●教会支配を否定する敵

中世ヨーロッパにおける異端とは、西ヨーロッパを精神的に支配した、
ローマ・カトリック教会の教義と異なる解釈を持つことである。

古来、キリスト教は弟子や信者たちによって、さまざまな解釈が試みら
れていた宗教である。ローマでの公認以降も、グノーシス派のような独自
解釈を持つ派閥が存在し、その正統性や信仰に対する論議が行われてきた。
また、教会自体もビザンツ帝国の庇護下にある東方正教会、聖ペテロの教
会の後裔を自認し西方を支配したローマ・カトリック教会の双方が自己の
正当性を主張し、現在に至っている。異端は多数派である彼らから見た、
教義にそぐわぬ考えに対しての名称に過ぎない。初期の異端宗派自体もキ
リスト論に対するロジックに過ぎず、学問的なものだった。

しかし、ローマ・カトリック教会が西ヨーロッパで権力を握るようにな
ると、異端は学術的な思想から民衆の怒りを表現するものに変質していく。
唯一の神の代弁者として秘蹟を独占し、金銭にまみれた教会を否定し、清
貧を重視し信徒の誰もが神を論じ、秘蹟を行えると考えるものが現れたの
である。このうち、ミラノのパタリアは托鉢と鞭打ちを行う人々で、教会
の聖職売買を批判したが、時の教皇グレゴリウス7世（1020頃-1085）によっ
て懐柔され、グレゴリウス改革の助けとなった。だが、12世紀に入ると、
教会は異端者を教会権力を損なう敵と認識する。リヨンの清貧を重んずる
ワルド派、マニ教に影響を受け肉体を悪とした南フランスのカタリ派、ア
ルビ派の存在は教会に危機感を抱かせ、異端認定の末にアルビジョア十字
軍により大虐殺を受けた。外部からの強力な批判にさらされた教会内部か
らは、より苛烈な清貧を目指すドミニコ派修道会などが生まれ、内部改革
に努めるようになる。だが、彼らは同時に異端審問の尖兵ともなった。

異端の誕生

異端とは？

西ヨーロッパを精神的に支配していたローマ・カトリック教会の教義と異なる解釈を持つこと。

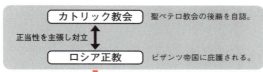

```
カトリック教会  ── 聖ペテロ教会の後裔を自認。
 ↕ 正当性を主張し対立
ロシア正教    ── ビザンツ帝国に庇護される。
```

教義の違いから異端と認定！ ↓

グノーシス派など
キリスト教の教義を学術的に批判。独自解釈を行う。

→ 次第に権勢を強めるローマ・カトリック教会への精神的批判が異端の中心へと変化する！

主な異端とカトリック教会の対応

パタリア
ミラノの托鉢、鞭打ちを行う派閥。聖職売買を批判。

← 懐柔。グレゴリウス改革の助けとなる。

カトリック教会

腐敗を非難！

ワルド派
南フランス、リヨンの清貧を旨とする派閥。

カタリ派
南フランス、カタリのマニ教を取り入れた派閥。

← 教会権力を損なうものとしてアルビジョア十字軍により大虐殺。

アルビ派
南フランス、アルビのマニ教を取り入れた派閥。

ドミニコ派修道会
より苛烈な清貧を目指すカトリック教会内の派閥。後に異端審問の尖兵化。

関連項目

●信仰と暮らし→No.005　　　●教皇→No.077

No.088
罪と免罪

キリスト教は罪と許しの宗教である。教会は罪への恐怖で人々を律し、許しを与えることで彼らを慰撫した。

●罪への恐怖と購い

中世世界における思想の中核となっていたキリスト教において、人間はその誕生の瞬間から罪を背負った存在だった。人間の罪とはアダムとイヴの楽園追放までさかのぼる。誘惑に負け、神に連なる霊を悪徳と欲望の象徴である肉に囚われた彼らは、死ぬべき定めを背負った。だが、その聖性は完全に失われたわけではない。神は死後人間の罪を裁き、自らの楽園に相応しいものたちを救い出す。それゆえに、人間は欲望とそれによってもたらされる罪と戦い、勝利しなければならないとされたのである。この原罪の思想、そして罪への恐怖はキリスト教会の民衆支配の強烈な武器であった。そのため、13世紀に入ると、司祭たちはこぞって罪と贖罪に触れ、恐怖と悔恨によって人々の意識をコントロールするようになる。

教会や修道院には必ず聴罪司祭が置かれ、人々は（聖職者であっても）自らの罪を告白することが一般的となった。罪の定義をする『贖罪規定書』は、5世紀にはすでに存在していたが、本格的に定義され儀式化されたのは12世紀以降である。罪は償える小罪、致命的な大罪の2つに分けられ、さまざまな罪とその購い方が教会によって定められた。しかし、教会の裁きはあくまで精神的な裁きである。そのため、領主たちが定めた刑罰のように、死刑や肉体への罰を与えるのではなく、神への帰依を示す活動が求められた。たとえば、人を殺したものは修道院に入るか1年に1回40日の間、水とパンで暮らす断食を行い、それを7年間続けなければならない。初犯の盗人は、金曜日ごとに3回、パンと水の断食を行う。これらは『贖罪規定書』と照らし合わせ、司祭の裁量で判断された。14世紀に入ると、これらの罪は免罪符を購入することで許されるようになる。免罪符の売買は、教会の大きな財源となったが当然腐敗の元ともなった。

188

生まれた時から背負う原罪

罪への認識

キリスト教において、誘惑に負け楽園を追放されたアダムとイヴの子孫である人間は、生まれながらに罪（原罪）を背負った存在とされた。

贖罪と免罪

贖罪の方法

司教が5世紀から存在する『贖罪規定書』に照らし合わせ、罪と罰を取り決める。

断食や神への帰依を促す、主に精神的な罰が科される。

贖罪成立！

免罪符

14世紀に入ると、購入することで罪を許される免罪符の概念が生まれる。

免罪符は教会の大きな財源となるが、同時に金銭的な腐敗も生み出す。

関連項目
- 信仰と暮らし→No.005
- 聖職者→No.079
- 領主→No.091

No.088 第4章●教会と聖職者

No.089

煉獄

中世神学の発展によってもたらされた煉獄とは、天国にも地獄にも行けない魂が、炎によって罪科を清められる場である。

●浄化と希望をもたらす苦痛の炎

ローマ・カトリック教会がヨーロッパを支配するようになった中世は、多くの神学者たちが世界や思想の矛盾を解き明かそうと、さまざまな研究や解釈を行っていた時代でもある。天国と地獄の間にあると言われる煉獄もそうした神学者の夢想により生み出された新たな世界であった。

そもそもキリスト教における死後の世界は、神に祝福された天国と生前の罪科の罰を受ける地獄しかなかった。そこに至る道は絶対であり、罪を犯したものが救われる余地はない。そこで考え出されたのが煉獄だった。煉獄は天国と地獄の間にあり、罪を犯したものの教会によって取り成しを得たものの霊魂が送り込まれる場、あるいはその状態である。彼らはこの新しき救いの場において、罪の償いとして浄化の炎によって焼かれた。これは罪ゆえの罰でもあり、彼らを清める救いでもある。煉獄への滞在時間は、霊魂の生前の改悛と敬虔な行為によって軽減された。

煉獄（プルガトリオ）という言葉は、中世以前から形容詞として存在していた。聖アウグスティヌス（354-430）も、天国に至るまでの浄化の火について言及している。本格的に煉獄という場が誕生したのは、12世紀から13世紀にかけてのことだった。1274年、第2回リヨン公会議の場において公認された煉獄は、聖職者の説法によって語られた他、『黄金伝説』や『神曲』などの文学作品にも取り入れられ広く民衆に浸透していく。

煉獄の存在は、神の裁きに怯えて生きる人々に大きな救いをもたらすことになった。キリスト教的に罪人とされる高利貸しすら、生前の善行によって煉獄での浄化に服することができるという希望が与えられたのである。また当然、罪を清め、煉獄入りを執り成す聖職者たちの支配力の増強、そして収入の増加をもたらすことになった。

煉獄という救いの場

煉獄（プルガトリオ）とは？

天国と地獄の間に存在するとされる魂の浄化のための場所。
教会による執り成しを得た魂が送り込まれる。

初期のキリスト教では……

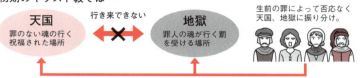

煉獄が生み出されて以降

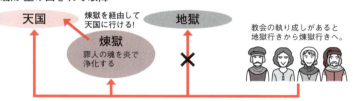

煉獄の誕生と教会権力

4世紀頃
- 聖アウグスティヌスなどが言及。

12〜13世紀頃
- 第2回リヨン公会議（1274年）で存在を承認！
- 『黄金伝説』、『神曲』などの文学作品で認知が広まる。

●その結果……

教会の**支配力 経済力**が中世を通じて増大する！！

関連項目
- 信仰と暮らし→No.005
- 聖職者→No.079
- 領主→No.091

悪魔と信仰

　キリスト教において、神はすべてを作ったもうた偉大にして善なる存在である。にもかかわらず世界には、多くの理不尽と悪意が蔓延している。人々は自分たちに襲い掛かる苦痛を、神が自分たちに与えた原罪への罰であると考えその矛盾を解消していた。しかし、神の創造物たる人間は悪意に満ち、罪を犯すものは消えない。やがて人々はこの世の悪を背負うべき存在を夢想するようになる。それが悪魔であった。

　キリスト教における悪魔は人間を誘惑して契約を結び、悪事を犯させその魂を堕落させる、あるいは契約の代償として奪い地獄へと落とす存在である。この悪魔の誘惑はちょっとした怠け心から、犯罪への手引きと幅広い。また、さまざまな自然災害や疫病も、しばしば神の怒りではなく悪魔の仕業とされた。酷い悪魔になると、唐突に聖人や悪人の元に現れ、それらの人々を殴りつけたりもする。なぜそのようなことをするのかの理由付けはあいまいで、堕天使であるから神を憎んでとも、人間を試し、誘惑に負けたものを苦しめる神の獄吏であるともされた。一般的に、悪魔は角とこうもりの羽、とがった尻尾を生やした黒々とした裸形で表現されることが多い。また、どんな生き物にも化けることができるとされた。その変身は非常に巧みで、中にはキリストに化けて聖職者を騙したという伝承すら残されている。この力により、悪魔はどんな場所にも現れ、どこにでももぐりこめた。活動期間は夜であることが多いが、昼間にも平気で現れる。

　天国での救いを求める人々は、地獄の使者である悪魔を恐れたが、中世におけるそれは近世の魔女狩りほどの社会的ヒステリーを呼び起こす類のものではなかった。伝わっている話も、怪異譚や聖人の伝承の味付け的なものである。しかし悪魔、そして地獄への恐怖は、突如人格が豹変して暴れまわる悪魔憑きと呼ばれる現象をしばしば引き起こしている。現代的に見ればヒステリーや錯乱の類と考えられるが、当時の人々は悪魔の仕業と考えていた。これを癒すのは聖職者の役目で、聖書の朗読や聖水の散布、香草により燻すといった対処法がとられている。普通これらは下位聖職者の祓魔師、いわゆるエクソシストが行うが、司祭などが参加することもあった。悪魔祓いはあくまで儀式に過ぎないが、精神的な安定を与え実際に効果も見られた。

　これほどではないにしても、人々は悪魔としばしば遭遇している。こうした遭遇は夜中被害者が寝入っている間や、目が覚めた瞬間に起こっており、睡眠中の悪夢を悪魔と結びつけたものだと考えられる。悪魔が主に夜に活動するとされたのも、こうした悪夢に起因するものだろう。他にも、日常に起きたちょっとした不運や事故を、悪魔と結びつけることもある。また、悪魔にとっては濡れ衣もいいところであるが、睡眠中の淫夢や不倫の結果を、夢の中で人間と性交渉をする悪魔の一種、夢魔の仕業とすることも多かった。

第5章
王宮と城砦

No.090
城の住人

城という1つのコミュニティーを支えるには、多数の人材を必要とした。その様子はまさに1つの国家と言っても過言ではない。

●城を支えた人々

領主たちが、領地支配と戦闘のための拠点とする城。その維持のためには多くの人材を必要とした。まず挙げられるのが城の主の領主家族である。

その下には下級官吏を従えて領地の管理を行い、城内の日常生活を取り仕切る家令、城主の身の回りを世話する侍従や侍女などがいた。なお、家令は後に領地の管理を専門にするものと、生活を管理するものが別々に雇われるようになっていく。領土管理を行う家令はその役職の重要性から、騎士階級や司教などが多い。会計などの専門知識を要求される家令は、その能力ゆえに高い地位や特別な衣装が与えられ、役得も多かった。

家令たちが管理したのが料理人、執事などの倉庫や特別な部屋の管理人、石工や大工、鍛冶屋、厩舎長といった人々で、その他にも多くの従者や掃除、洗濯をする召使いたちが仕えている。この中で理容師は領主たちの身だしなみを整えるだけでなく、医療活動にも従事していた。

ミサを取り仕切る礼拝堂付きの司祭たちも重要な存在だった。彼らはミサを取り仕切り、公文章の作成や貧者への救済活動を監督する。

連絡手段の乏しい中世ヨーロッパにおいては、領主専門の伝令も重要な人材だった。彼らは騎士ほどではないが高い給与と衣類、靴を支給されている。しかし、金品や重要書類を運び、貴人と面会する伝令は危険も大きく、強盗にあったり貴人の怒りを買い不当な罰を受けることもあった。この仕事は、紋章で敵味方を識別する紋章官が兼務することもある。

一方、戦闘面は領主の配下や金銭で雇われた騎士と、見習い騎士である従卒が支えている。彼らの下には、領土から徴収した兵士、門番や歩哨、傭兵などが付く。彼らは日常、交代で城を警備したり訓練をして過ごす。また狩りともなれば専門の狩人たちと共に訓練がてらに獲物を追った。

城での生活とそれを支える人々

城主一家

奉仕。

家令 主な仕事
・領地の管理。
・使用人たちの管理。

※ 主に騎士階級、聖職者出身者。
会計などの知識が必要。
時代が下ると仕事別に雇われた。
役得が多い。

統制。

世話係
侍従　侍女
・城主家族の世話。
・来客への対応。

情報伝達
伝令
・貴人への手紙、物品の運搬。
※ 対外的な仕事のため、衣料品は支給。危険な仕事。

専門職
執事
・ワイン蔵などの管理。
料理人
・食料の調理、管理。
厩舎長
・馬、馬具の管理。

職人
**職人
大工
鍛冶屋**
・建築。
・生活必需品の供給。

衛生
理容師
・城の住民の散髪。
・医療行為も担当。

宗教
司祭
・ミサを取り仕切る。
・公文書の作成。
・貧民の救済。

城と軍人たち

城での快適な暮らしを維持するためには、軍事力も不可欠！

**騎士
従卒**　城主の家臣、もしくは金銭で雇用されている仕官。

主な仕事
・城主による軍事活動に参加。
・城の警備。
・軍事訓練。
・城主の狩りに訓練を兼ねて参加。

統制。

**兵士
門番
歩哨**　領土などから徴用された、一般身分の兵士たち。

傭兵　金銭で雇われた兵隊。

関連項目
●中世の情報伝達と郵便→No.020
●司教→No.078
●領主→No.091
●騎士→No.092
●従卒と小姓→No.093
●城砦と王宮→No.098

No.091
領主

封建社会の俗界における頂点に位置する領主たち。彼らは武装集団の長であり、その武力と財力を背景に領民たちを支配していた。

●西ヨーロッパに広がった新たな支配者

領主とは、中世世界の権力の頂点に位置するものたちである。領主には皇帝、王といった国家の頂点から、多数の部下や領土を抱える諸侯、聖職者である聖界諸侯、諸侯に仕える騎士までさまざまな階層が含まれている。

国王、皇帝は封建社会におけるトップであり、最高位の封土の所有者、軍権の所持者、そして裁判官であった。彼らは官職や特権を付与する権限を持ち、家臣や領民に対する裁判権も所有する。また、貨幣の鋳造、市場の開設、城砦の構築権、鉱山における採掘権、その他諸々の徴税権を含む国家大権を有する支配者であった。もっとも、その支配力は絶対ではなく神聖ローマ帝国では、多くの諸侯や聖界諸侯が国家大権を部分的に譲渡され、その権限を行使する領邦支配を行っている。一方、フランスでは大小の領主が城を中心とした武力で周辺地域を実行支配し、徴税権や裁判権を行使するバン領主支配が行われていたが、世襲の断絶や所領の没収などによる国王の中央集権化が行われていった。

諸侯と呼ばれる領主たちは辺境伯、伯といった官職の持ち主である。彼らは元々、高貴な出自のもので国王から官職を得ていたが、レーエン制による権力の世襲化により実効的な支配力を獲得している。その中でも、軍事力や経済力により地方での指導的地位を獲得したものは、大公として国家の中でも大きな力を持つ存在となった。また、王の廷臣や大司教などの聖界諸侯も多大な権力を有しており、諸侯共々高級貴族として扱われた。

これらの権限の強い高級貴族の下には、高級貴族たちから封土を与えられた中級貴族たち、さらに彼らの臣下の小領主や城付きの騎士たちなどからなる下級貴族たちがいる。もっとも、騎士は血統からなる貴族階層ではなく、あくまでその役割により貴族階層に取り入れた存在に過ぎなかった。

皇帝、国王とその支配

- 最高位の封土の所有者。
- 軍権の所持者。
- 最高位の裁判官。
- 国家大権を有する。

国家大権とは
貨幣の鋳造や鉱山の採掘、城砦の構築など、君主にのみ認められる権利。

しかし、その権力は絶対ではなく、さまざまな支配体制がとられた。

領邦支配（神聖ローマ帝国）

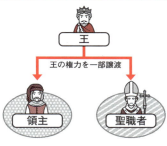

自分の領地でそれぞれ権利を行使。

バン支配（フランス）

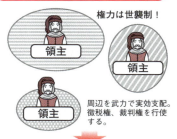

権力は世襲制！

周辺を武力で実効支配。徴税権、裁判権を行使する。

しかし世襲断絶や領地没収により、中央集権化！

領主の種類

高級貴族	諸侯	・王に任命された官職の持ち主。 ・世襲により権力を強化。 ・中でも地方で力を付けた諸侯は大公として大きな力を有する。
	聖職者	・大司教など領地を持つ聖職者は高級貴族として扱われた。
中級貴族	中級貴族	・高級貴族から封土を与えられた領主。
下級貴族	小領主	・中級貴族の臣下。
	騎士	・城づめとして召し上げられた貴族外の兵士。

関連項目

- 封建制度→No.003
- 領土と小教区→No.004
- 市場→No.066
- 司教→No.078
- 騎士→No.092

No.092
騎士

主に忠誠を誓う騎乗の戦士たち。彼らのプライドと規律は独自の文化を生み出し、騎士という新たな階層へと花開いていく。

●愛馬と共に戦う戦士

　騎士階級と呼びうる戦いを専門とする戦士階級の存在は、少なくとも古代ギリシア・ローマの時代には成立していた。しかし、中世ヨーロッパにおける源流はゲルマン社会、特にノルマン人やフランク王国の従士たちである。彼らは王や族長に仕える戦闘集団であり、主に臣従と忠誠を誓うことで特別な庇護を与えられていた。この忠誠、奉仕の思想は封建社会の確立後も継承され、忠誠を示した戦士に封土や徴税特権を与え、代償として義務を果たさせるレーエン制へと発展していく。代償となる義務は「助言と援助」と呼ばれ、主への害をなさないこと、騎兵戦力の供出を主とする軍役、裁判への参加、主邸への参内と主に対する助言や奉仕、金銭的な援助などからなる。この従士たちはやがてその役割から、古英語の僕に由来する「Knight」、フランス語、ドイツ語ではそれぞれ騎乗を意味する「Chevalier」「Ritter」、つまり騎士と呼び習わされるようになる。

　西ローマ帝国崩壊以降、領主たちは多くの騎士を臣下とし、騎士は一種の貴族的階級を形成するようになる。しかし、騎士イコール貴族ではなく、武功や財力のある農民や商人が騎士に任じられることも、王や大領主が騎士を名乗ることもあった。戦闘を生業とする騎士は古来、ゲルマン然とした武力を尊ぶ集団だった。しかし、十字軍運動で教会が主導したキリスト教に仕える戦士という概念は主君への忠誠、キリスト教への忠誠、女性への奉仕という理想を生み出す。この理想は『ロラーンの歌』やアーサー王伝説などの叙事詩で繰り返し語られ、騎士道という独自の気風を生んだ。

　騎士は通常主の城で、従卒を従え奉仕と軍役の義務を果たす。また、領土を持つものは荘園の館で領土経営を行い、召集に応じ主の下に駆けつけた。だが、中世後期に入ると騎士たちは武芸より宮廷芸を磨くようになる。

騎士階級の誕生

ギリシア・ローマ社会

戦士階級

地続きの文化ではない！

ゲルマン社会

従士

忠誠を誓う。

領主

●レーエン制

領主

助言と援助
- 主に害をなさない。
- 軍役（騎兵兵力の供出）。
- 裁判への参加。
- 主邸への参内。
- 助言や奉仕、金銭的な援助。

- 封土。
- 徴税権。

戦士階級

「Knight」古英語
「Chevalier」仏語
「Ritter」独語

騎士が誕生！

騎士階級の変質

騎士階級

戦闘を生業とし、武力を尊ぶはずが……。

西ローマ帝国崩壊の影響

十字軍遠征の影響

騎士と称した主な人々
- 武功、財力のある農民。
- 武功、財力のある商人。
- 大領主。
- 王。

一種の貴族階級を形成！

- 主君への忠誠。
- キリスト教への忠誠。
- 女性への奉仕。

騎士道が発展！

●騎士の仕事

騎士階級

城に仕える騎士の場合
- 従卒を率い、軍役を果たす。

城を持つ騎士の場合
- 領土を経営。
- 召集に応じはせ参じる。

しかし時代が経つと……

武芸を磨かず、宮廷芸を磨くように！

関連項目

- ●封建制度→No.003
- ●農民→No.025
- ●商人→No.051
- ●従卒と小姓→No.093
- ●馬→No.109

No.093
従卒と小姓

「盾持ち」と呼ばれる従卒たちは、騎士を支える部下である。そして、彼らと小姓は、いずれ騎士となる見習いの戦士でもあった。

●騎士を支えた戦士たち

　中世世界において、騎士は戦士の花形である。だが、騎士にはその身の回りを世話し、共に戦う存在が必要だった。従卒(スクワイア)、あるいは従者(サーバント)と呼ばれる彼らは騎士直属の戦力として騎士を支え、兵を指揮する。その身分は、騎士に次ぐものとされていた。

　スクワイアという名前はフランス語で「盾持ち」を意味しており、戦場で騎士の身の回りの世話をする従者であった。彼らはその名の通り主人の武具を持ち運んで武装するのを手伝い、予備の馬の手綱を引いたり、落馬した主人の救出を行う。従卒の出自はさまざまで、領内の農民、市民、農奴などから才能があるもの、勇敢なものを雇用した。だが騎士身分が確立し、さまざまな決まりごとが生まれてくると、従卒は騎士の子供がなる見習い騎士、あるいは兵を率いる下士官的な存在となっていく。戦士としての従卒は主人ほどではないものの武装をし、自分の馬も所持していた。

　騎士の子供は7歳くらいになると、まず小姓となり他家に行儀見習いに出た。彼らはそこで行儀作法や宴席での肉の切り分け方など、騎士として必要な知識を学ぶ。そして14歳くらいの若者に成長すると、従卒となって戦士としての技術を学んだ。こうして心身を練磨した従卒は、やがて騎士叙任を受けて正規の騎士となった。叙任を受けるにあたり、従卒は礼拝堂で徹夜の祈りを捧げる。そして、夜が明けるとミサと祝宴が行われ、新しい武具と拍車を授けられた。その際、彼の主君は掌か剣でこの新たな騎士の頬や肩を強く打つ。その後、新たな騎士はその身分に相応しい技量を乗馬や的当てなどで示さねばならない。なお、騎士への抜擢は騎士の息子のみならず、有能な従卒に対しても行われている。また、騎士叙任式には多額の費用がかかるため、貧しさから従卒として一生を終えるものもいた。

騎士に使える者たち

従卒、従者とは？
（スクワイア　サーバント）

- 騎士直属の戦力として騎士を支える従者。後に騎士見習いの幹部候補生となる。
- スクワイアはフランス語で「盾持ち」の意味。

従卒、従者の主な仕事
- 主人の武具の運搬と武装の補助。
- 予備の馬の管理。
- 落馬した主人の救出。
- 下士官として兵士を指揮。(地位としては騎士に次ぐ扱い)

採用方法
- 農民、市民、農奴から有能、勇敢なものを採用。騎士見習いとなってからは貴族子弟からも採用。

小姓とは？

- 騎士の身の回りの世話をする若者。

小姓の主な仕事
- 騎士の身の回りの世話や宴会での給仕など。ここで騎士に必要な行儀作法を学ぶ。

採用方法
- 7歳になった貴族子弟が行儀見習いとして他家に送り込まれる。

騎士叙任までの道のり

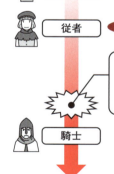

小姓　7歳頃〜
仕事を通じて騎士に必要な礼儀作法を身につける。

従者　14歳頃〜
仕事を通じて戦士としての技術を身につける。

騎士叙任式
- 夜　礼拝堂で夜を徹して祈祷。
- 朝　ミサと祝宴。(新しい武具、拍車を授けられる)

主君による掌や剣で頬、肩を打つ儀式で無事騎士に叙任！

しかし、油断は禁物……

騎士
- 新たな騎士は、身分にふさわしい技量を示さなければならない！
- 叙任式には多額の費用が必要で、貧しさから騎士叙任を受けられないものもいた。

関連項目
- 農民→No.025
- 農奴→No.026
- 騎士→No.092
- 武具→No.107
- 馬→No.109

No.093　第5章●王宮と城砦

No.094
奥方と姫君

城を彩る華やかな貴婦人たち。彼女たちは夫や主君の管理化にあった
が、決して壁を彩るだけの花ではなかった。

●領主を支える貴婦人たち

　中世の騎士道物語を彩るきらびやかな美姫、城主を支える厳格な女主人。
中世の城を巡る女性たちには華やかで浮世離れしたイメージがある。しか
し、彼女たちもまた自分たちの意思で生き、さまざまな活動を行っていた。

　領主の妻である奥方たちは、ただの飾りや子供を産むための存在ではな
く普段から夫の仕事を手伝う大切なパートナーである。彼女は城内の召使
いや乳母たちに指示を出し、客人の接待なども行う。家政だけでなく領内
の政治にも通じており、夫が無能であったり戦争で留守の時には率先して
これらの仕事を取り仕切った。武装して自ら城を守った女傑の逸話も伝え
られている。また、奥方たちは教養のある文化のパトロンであり、詩人な
どを招いてサロンを開いたり、自らが芸術活動を行うこともあった。

　奥方の娘たる姫君たちは、領主の息子たちが早いうちから訓練に出され
たのと同じように、幼い頃から家事や刺繍などの技術を学んだ。また、当
時の重要な知識であったラテン語の読み書き、詩や物語の作り方や歌い方
なども学ばされている。この際、彼女たちは他の貴族のもとで教育を受け
たり、修道院に入れられることもあった。修道院に送られた姫君たちは、
結婚の相手が見つからなければそのままそこで一生を終えることになる。

　だが、貴婦人たちの権利がすべてのことにおいて認められていたわけで
はない。大抵の場合、彼女たちの財産は親や夫の管理下に置かれた。嫁ぐ
時には持参金を用意させられ、親から受け継いだ財産の管理権限は夫にあ
る。代わりに、夫の財産の3分の1をその死後相続する権利を与えられた。
結婚後、身寄りがなければ主君や近縁の有力者の被保護者として、相続す
るべき財産を管理される。結婚や再婚も自身の意志が働くことはまれで、
親や保護者が自分の有利になる相手を選ぶことが常であった。

貴婦人たちの日々

●浮世離れし、自由意思のないと思われがちな貴婦人たち。
しかしさまざまな活動をし、役割を果たしていた！

貴婦人たちの権利

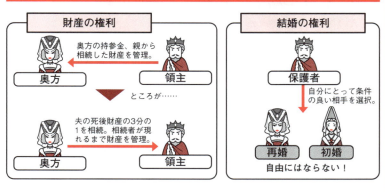

関連項目

●中世の婚姻→No.015
●中世の芸術→No.016
●中世の音楽→No.017
●領主→No.091

No.095

傭兵

中世末期、それまでの制度と戦術が崩れ去ると、戦士としての騎士たちは有名無実化した。それに代わり、金で戦力となる傭兵が生まれる。

●金で命と戦力を提供する戦士

中世末期、戦士階級だった騎士たちは、貨幣経済の発展やペストの流行によって所領からの収入が減少したことで、戦うための資金や気概を失っていった。また、新興の都市でも市民を犠牲にしない戦力が求められていた。そうしたニーズに応えて台頭したのが傭兵である。

12世紀頃の傭兵は食い詰めた騎士や従卒、職のない農民や職人の個人的な仕事に過ぎなかった。しかし14世紀以降、より組織化された傭兵団が誕生する。特に高名なのは長槍兵として知られるスイス傭兵、石弓が得意なジェノバ傭兵、奇矯な風体と勇猛さを誇るドイツのランツクネヒトだろう。彼らの集団戦術は、騎兵中心だった戦争を大きく変えていく。

傭兵たちの組織や待遇は、一概に同じものとは言えない。イギリス人傭兵のジョン・ホークウッド（1320-1394）率いる「白い軍団」は、2名の騎士と1人の従卒で構成された「ランス」を最小単位とする、高度に組織化された軍隊だった。また、独自の諜報部隊も備えている。15世紀のランツクネヒトは、所属する傭兵に対し軍事裁判権を持つ傭兵隊長の下、数個連隊を抱える大所帯だった。兵の徴募は中隊長が笛や太鼓を吹き鳴らし、都市や村落を巡って行う。装備や食料は俸給から自弁するため、ランツクネヒトは従軍商人や慰安のための娼婦、兵の妻子を連れて移動していた。

傭兵団は雇用主に決まった期間雇用され、その際に契約金を得る。また戦場で捕らえた人質の身代金、そして戦場での略奪の権利も与えられた。略奪には一定のルールがあり、略奪対象は武器や防具、馬が中心とされている。貧民からの食料や家財の略奪、暴行は軽蔑される行為であったが、実際にはお構いなしで略奪することも多い。戦争時の武具の損耗は雇用主に補填されるが、所属する部隊や階級によっては制限を受けた。

傭兵団の登場

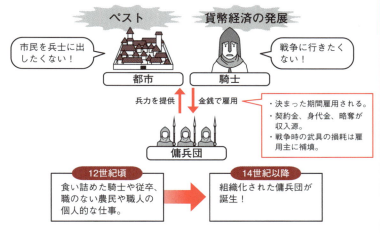

さまざまな傭兵団

●白い軍団（イギリス） 高度な軍事組織を誇る傭兵団

●ランツクネヒト（ドイツ） 奇矯な風体と勇猛さを誇る傭兵団

●その他の傭兵たち

スイス傭兵	長槍兵として有名。
ジェノバ傭兵	石弓を得意とする傭兵。

ランツクネヒトの募兵は中隊長が笛や太鼓を吹き鳴らし、都市や村落を巡って行った。

関連項目

- ●農民→No.025
- ●職人→No.052
- ●娼婦→No.054
- ●貨幣制度と為替→No.072
- ●騎士→No.092
- ●従卒と小姓→No.093

No.096
吟遊詩人と道化師

吟遊詩人や道化師、旅芸人は諸国を旅し、娯楽を提供する人々である。
彼らは卑賤とみなされながらも、言葉や芸という自由を持っていた。

●娯楽によって情報を支配したものたち

　吟遊詩人や宮廷歌人と呼ばれる人々は、主に権力者に仕えて詩作をし、
宮廷音楽として歌い上げることを仕事としている。彼らは従士や小姓と同
格とみなされ、実際高貴な出自のものも少なくない。楽士は吟遊詩人に仕
え、彼らが作詞、作曲した歌を歌い、奏でる役目を持つ。その出自は領民
や市民であり、詩人に仕えず旅芸人として生きるものも多い。彼らは演奏
家であるが、時に主人と同じように詩や曲を提供する。楽士の法的な立場
は守られておらず、他の芸人たちと同じく不名誉な存在とみなされていた。
そのため、楽士に民衆が暴力を振るっても罰せられることがなく、そのこ
とは彼らを大いに嘆かせている。だが、その一方で情報の伝達者たる詩人
や楽士は、王や領主を公然と非難できる古代の詩人たちの系譜であり、支
配された存在である領民たちには考えも及ばない自由を持っていた。

　道化師はこっけいな仕草や奇妙な発言で、人々を笑わせる職業である。
ロバの耳と鈴の付いた頭巾をかぶり、牛の膀胱などをつけた錫杖を持ち、
腰に木剣や鞭を挿した姿が一般的である。道化師には生まれつきハンディ
キャップのある人間を王や領主が所有物としたものと、彼らの仕草や言動
を真似る職業道化師がいた。道化師は愚か者という建前で、王相手でも無
礼な発言や批判を許されている。しかし、度を過ぎれば罰を受けた。また
教会は、無垢を装い下品な芸をする職業道化師を悪徳の存在としている。

　旅芸人は諸国を放浪して芸を見せる人々で、定住しないことから猜疑の
目で見られていた。一言で芸人と言ってもさまざまな種類があり、楽士や
道化師のほか軽業師、手品師、ダンサー、熊使いや山羊使いなどがいる。
同じように旅暮らしであるジプシーも旅芸人として知られており、特に
ヴァイオリンなどの楽器演奏や動物芸に定評があった。

吟遊詩人と楽士

吟遊詩人とは？

吟遊詩人は有力者に仕え、詩歌を提供する芸術家。従卒や小姓に並ぶ地位を持ち、高貴な出自も少なくない。

楽士とは？

吟遊詩人の作った歌や音楽を奏でる演奏家。吟遊詩人に仕えたり、旅芸人としても活動をする。

領主

雇用。褒め称え、時に揶揄する。

宗教的に、あるいは嫉妬から蔑視する。

吟遊詩人

雇用。および詩、楽曲の提供。
歌唱、演奏。詩、楽曲の提供。

楽士

聖職者
民衆

道化師と旅芸人

道化師とは？

奇妙な仕草や言動で人を笑わせる芸人。ハンディキャップを持つ人や、それを真似た職業道化師がいる。

旅芸人とは？

各地で芸を披露して収入を得る漂泊の芸人。定住しないことから、猜疑の眼で見られていた。

手には牛の膀胱をつけた杓杖を持つ。

頭には鈴とロバの耳のついた帽子をかぶる。

腰には木剣や鞭を差すこともある。

道化師のスタイル

●主な旅芸人

- ・楽士
- ・軽業師
- ・熊使い
- ・道化師
- ・ダンサー
- ・山羊使い

※ ジプシーも旅芸人として知られ、楽器演奏や動物芸に定評がある。

関連項目

- ●ジプシー→No.055
- ●領主→No.091
- ●従卒と小姓→No.093
- ●城の娯楽→No.103

No.097

宗教騎士団

宗教騎士団は、騎士修道会とも呼ばれる聖職者による武装組織である。神に仕える身でありながら戦う彼らは、寄進を背景に強い権力を得た。

●莫大な財貨を得た巡礼者の守護者

宗教騎士団は、聖職者の資格を持ちながら、騎士として戦士の役割を果たした集団である。彼らは当時ヨーロッパを席巻した十字軍の熱狂によって誕生し、巡礼の保護と救護を任務としてその勢力を増していった。

最初に登場した宗教騎士団は、聖ヨハネ騎士団である。ホスピタル騎士団とも呼ばれる彼らは、1070年頃にイタリア商人が聖墳墓教会近くに設けた救護所に端を発する宗教的な救済組織だった。当初、この修道会はベネディクト会の影響下にあったが、多数の寄進によって勢力を伸ばし、やがて教皇直属の修道会として独立を果たす。その後、会則に巡礼者の武力による保護を加えたこの修道会は、武力集団としての道を歩んでいく。彼らは後に多くの騒乱に巻き込まれ、拠点もロードス島、マルタ島と変わっていったが現在もマルタ騎士団として存続している。

テンプル騎士団は、巡礼者の護衛や聖堂の守護を目的として1119年に誕生した。「キリスト教の貧しき騎士」と名乗った彼らは、その名の通り1頭の馬に2人で騎乗するような弱小組織だったが、ソロモン神殿に拠点を得てからは一気に発展。その名もテンプル騎士団と改めている。テンプル騎士団は密儀めいた独自の会則の下に強い結束を持ち、白いマントと赤い十字の装束に身を包んだ精鋭だった。また、教皇直属である彼らは免税権を与えられており、寄進によって得られた財貨を使って金融業を営むことで莫大な富を得ている。しかし、その財産ゆえに当時のフランス国王に目をつけられ、異端として処断され財産没収の憂き目に遭ってしまう。

この他の宗教騎士団としては、前の2つと共に三大騎士団と呼ばれ、プロセイン開拓など主にヨーロッパで活動したドイツ騎士団、世俗の騎士の呼びかけで誕生した半聖半俗の聖墳墓騎士団などが有名である。

208

宗教騎士団の始まり

宗教騎士団とは？

聖職者の資格を持ちながら、騎士として戦士の役割を果たした集団。巡礼の保護と救護を任務とし、十字軍遠征の主力ともなった。

●1070年　聖ヨハネ騎士団（エルサレム・聖ヨハネ救護騎士修道会）発足
・イタリア商人により救護所として始まる。
・主目的は宗教的救済。
・各地に病院を設立。（ホスピタル騎士団の異名の由来）

発足当初

　←影響下におく←　ベネディクト会

・寄進などにより勢力拡大。
・修道士ジェラールなどの尽力。

独立した修道会として公認！

　←　教皇

会則に巡礼者の武力による保護を加え武力集団化！

ヨハネ騎士団の本拠地の変遷

聖墳墓教会周辺／マルタ島／キプロス島／ロードス島

その他の有名騎士団

テンプル騎士団

・1119年、巡礼者の護衛や聖堂の守護を目的とする「キリスト教の貧しき騎士」として発足。
・1頭の馬に2人で乗るほど貧乏。

 ソロモン神殿に本拠を移す！

・「テンプル騎士団」に改名。
・白マントに赤い十字の装束。
・教皇直属で免税権を持つ。
・金融業により莫大な富を得る。

↓富ゆえに…

フランス国王に異端として処断され、財産没収、壊滅！

ドイツ騎士団
・三大騎士団の1つ。
・プロイセン開拓に尽力。

聖墳墓教会騎士団
・俗世の騎士の呼びかけで発足。
・半聖半俗の騎士団。

関連項目
●教皇→No.077
●巡礼→No.086
●異端→No.087

No.098

城砦と王宮

城と王宮、双方華麗かつ豪奢なイメージを持つ施設である。しかし、中世におけるそれらは軍事拠点や政治のための施設である。

●武装化された軍事施設と王の拠点

　国王や領主たちの生活空間というイメージのある城砦や王宮。だが両者には明確な区分が存在している。中世における城砦は、単なる生活空間ではなく塔や濠、城壁、城門などを持つ軍事施設であり、それを所有する領主の地域支配の中心となる施設であった。

　一方、王宮は国王の国内統治の拠点である。メロビング朝、そしてその後裔たるカロリング朝、そして神聖ローマ帝国は、巡幸王権と呼ばれる統治体制を敷いていた。これは国王、もしくは皇帝が領土内を巡察し、行政、軍事、裁判、各領主間の調停などを行うというものである。そのメリットは王の威光を求める臣下や領民たちと直接触れ合うことで、彼らの支持を得られること、そして王領の物資を産地で直接消費できることであった。当時のヨーロッパの情報通信網や、輸送の便は未発達であり、食料や物資を運搬するより、生産地で消費する方が都合が良かったのである。そのためこれらの国家は、国内各所に王とその廷臣のための王宮を持っていた。王宮は国王や廷臣が滞在するための居所の他、広間や礼拝堂を備えており、政務以外にも宮廷会議や裁判、祝祭のセレモニーを行うことができる。また、国王選挙や通常修道院や教会で行われる戴冠式も、しばしば王宮内で挙行された。こうした王宮は国王の権威を示すべく壮麗であり、防御施設を備えていたり、城砦そのものを転用することもある。神聖ローマ帝国はアーヘン、マクデブルク、クヴェトリンブルクなど、時代ごとに多くの王宮を抱えていた。もっとも、巡幸王権による国内巡回は、混迷期の神聖ローマ帝国にように地方分権化された国家特有のものである。中央集権化が進んだ国家では、カペー朝フランスのシテ宮殿、ルーブル宮殿のように所定の王宮を首都に持ち、状況に応じ遷宮するスタイルがとられている。

210

王宮と城砦の違い

●城砦

・領主の地域支配の拠点。
・防衛機能を備えた軍事施設。

●王宮

・国王の国内統治の拠点。
・権威を示すために壮麗。
防御施設を備える。城砦の転用も。

・広間、礼拝堂を完備。
宮廷会議や裁判、祝祭のセレモニー、さらに戴冠式も可能。

政治の場としての王宮

●巡幸王権の場合

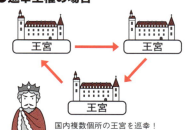

国内複数個所の王宮を巡幸！

メリット

・臣下、領民と直接触れ合える。
・現地の物資を輸送せず直接消費できる。

※情報網や輸送の未発達な時代。
地方分権化が進んだ国家などに多い。

●中央集権国家の場合

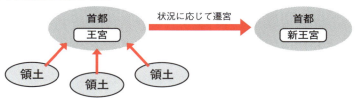

関連項目

●中世の法制度→No.011　　　●中世の交通→No.019

No.099

城の暮らし

中世の城内は、それ自体が１つの組織である。領主の指揮の下、彼らは各々が果たすべき役割に従事していた。

●それ自体が１つの組織である城内

　中世における城の住人たちは、1つの組織として暮らしを送っていた。その暮らしぶりは、地位や役職によって大きく異なる。領主とその家族は、朝起きるとまず沐浴や洗髪をして身だしなみを整えた。それから朝のミサに参加する。この際、簡単な朝食を取ることもある。無論、それらに関わる人々は、領主たちよりも早く起きて仕事にかからねばならない。昼食は豪華で量も多く、夕食は非常に遅い時間にあっさりとしたものを取った。

　領主は城と領土の管理者として、その監督を行うのが仕事である。彼は領土の統治と、城内の使用人の管理と家計を取り仕切る数人の家令、代官らと打ち合わせを行い、運営方針を決める。家令たちはそれぞれの部下を通じて、城内の使用人や賦役に従事する農民を仕事に従事させた。領内の犯罪に対する裁判、外敵への対処も領主の重大な仕事である。決済や判例に必要な公文書の作成は、礼拝堂付き司祭たちが担当した。特に問題がない、あるいは客がいる場合、領主は宴会や狩りを行って余暇を過ごす。

　奥方は召使いに指示して掃除や洗濯、子育てなどの家事、刺繍や機織を行う。さらに客人の歓待も奥方の仕事だった。余暇には侍女たちとの会話を楽しんだり、サロンの吟遊詩人たちの歌を聴いて過ごす。さらに詩歌やラテン語の勉強をすることもあった。

　騎士や従卒は城の警備に従事するか、武芸や弓、馬術の訓練に明け暮れた。また、狩りともなれば領主に付き従う。門番、見張り番といった監視員は、それぞれの持ち場で外敵への警戒を行っていた。

　小姓たちは食事の際の領主や奥方への給仕が主な仕事であるが、それが終われば武芸に励み、領主の子供たちと同じように礼拝堂付きの司祭から勉学を学ぶ。領主の子供たちは、勉学の後は自由で思い思いに遊んだ。

212

多忙を極める城主の生活

●城主の暮らし

城主は城の責任者として、領地や配下を管理する。

主な仕事
・城内の運営の把握、指示。
・裁判。
・領土の防衛や軍事活動の指示。

余暇があれば、宴会や狩猟などの娯楽をして過ごす。

公文章の書類作成を指示。 → 司祭
運営方針を相談、指示。 → 家令（領土管理）
農民、使用人たちに作業を指示。 → 家令（城内管理）
軍事活動を指示。 → 騎士

領主

城のその他の人々の暮らし

●奥方の暮らし

主な仕事
・使用人への家事の指示。
・客人の接待。
・刺繍や機織。

●小姓の暮らし

主な仕事
・貴人への給仕。
・武芸の訓練。
・勉強。

余暇は詩人の歌を聴いたり、おしゃべりや勉強で過ごす。

奥方 — 接待 → 客人
奥方 — 家事を指示。 → 使用人

小姓 — 給仕。 → 領主

●騎士・従卒の暮らし

主な仕事
・城内の警備。
・軍事活動。
・訓練。

領主の狩りなどにも同行。

騎士

●入浴・食事

・身だしなみを整えるために、領主たちは朝一番に入浴、もしくは洗顔を行う。
・食事は昼の豪華な正餐と、夜の軽い午餐の2回だった。

関連項目

●城の住人→No.090
●領主→No.091
●騎士→No.092
●従卒と小姓→No.093
●奥方と姫君→No.094
●吟遊詩人と道化師→No.096

No.100
城の施設

城は中世における領主の館であり、軍事拠点である。彼らは民衆から隔絶された世界から、周囲の農村や荘園を支配していた。

●軍事拠点である孤立した空間

　城は中世における領主や騎士たちが拠って立つ軍事基地であり、生活の場であった。その規模や形は当然、所有者の権力や立地、用意できる建材などで大きく異なる。しかし、時代や建築技術の発展などから、いくつかの類型に分けることはできる。

　中世初期の動乱の中で数多く用いられたのは、ノルマン人式のモット・アンド・ベイリーと呼ばれる簡素な城だった。これは領主の館となる木造の天守を備えたモット（丘）と、棒杭と堀によって防御されたベイリー（前庭）を持つ城である。石造りではない分簡単に作ることができた。一方、ローマ式の城砦の再研究も行われており、フランスでは石造のレクタンギュラー・キープの城砦も用いられている。これは矩形のキープ（天守）を持つ城だった。石造の天守はノルマン式築城にも取り入れられ、シェル・キープと呼ばれるタイプの城砦を生み出している。築城技術に革新が訪れたのは、十字軍による中東文化との接触である。ローマやビザンツの技術を貪欲に取り入れた中東の築城技術は、西欧に二重城壁やキープと城門が一体化したキープ・ゲートハウス、跳ね橋、落とし格子などの施設をもたらし、今日知られる典型的な西洋的城砦の姿を生み出すこととなった。

　これらの城砦の中には、当然ながら城主やその家族と臣下が暮らすスペースがある。居住空間となるのはキープで、1階部分が貯蔵庫、2階には大ホールが設置されることが多い。初期のうち、城の住人はこの大広間で全員が寝食を共にしたが、建築技術が発展すると城主たちは上層階に寝室を持つようになった。また、城の住人たちのための礼拝堂や図書室なども併設されるようになる。調理場や作業場、家畜小屋は大抵前庭に配されており、そこに住む人々と共に小さな町の様相を呈していた。

さまざまな城の形式

城とは？

領主や騎士たちの軍事拠点兼生活の場。規模や形状は所有者の権力や財力、立地、手に入る建材、さらに時代により異なる。

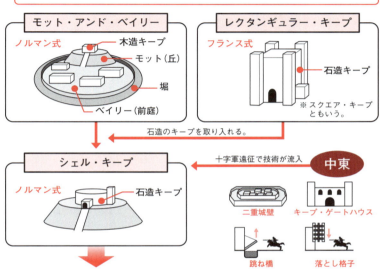

今日知られる典型的な西洋的城砦が誕生する！！

住居としての城

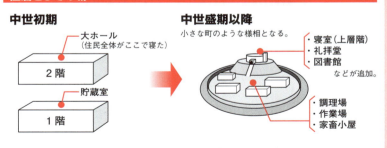

関連項目

● 領主→No.091　　　　　　● 騎士→No.092

No.101
城の食事

支配階級である領主たちの食事は、非常に豪華なものであった。沢山の肉類は言うに及ばず、蜂蜜や果物も食卓を彩る。

●肉主体の豪華な食事

　城の主人である領主や、その客人たちを楽しませる城での食事は、一般的な市民や農民と比べて非常に豪華なものだった。

　食事は昼間の正餐と夕方の軽い午餐とに分けられる。午餐はあっさりした料理やパン、チーズなどで、正餐は大ホールで豪華に取った。簡単な朝食や夜食を取ることもある。椅子やテーブルは折りたたみ式、酒杯、皿、調味料などは共用である。フォークはなく、自分のナイフで料理を切り、手で口に運ぶ。汚れた手はボウルで洗い、テーブルクロスでぬぐった。

　正餐のメニューはいくつかのコースに分けられており、2時間ほどかけて供される。肉類はローストにしたり、シチューやスープ、時にはパテのようにすり身に加工したり、パイ包みにすることもあった。これらの食事は派手派手しく飾られ、味もハーブやワイン、スパイス、マスタードなどを効かせた刺激的なものだった。豚、牛、羊、家禽が主で、狩りの獲物も貴重な肉類として食卓をにぎわせた。肉料理は食器代わりの厚切りのパンに乗せられ、食後は召使いに下げ渡された。断食日や四旬節のような特別な期間には、肉類の代わりに魚を食べる。もっとも、魚は意外と貴重品で養殖池を持つ領主たちや港近くの市民くらいしか食べられないご馳走だった。ニシンやタラが一般的だが、カレイなども好まれた。また、クジラやイルカ、チョウザメは王の食べる魚とされている。パンは白く柔らかいマンチットが最上とされ、ケーキは貴重な蜂蜜やアーモンドなどで味付けされた。野菜は豆類がメインで、サフランなどで味付けして食べる。春夏には季節の野菜も食卓を飾った。果物はブドウやプラム、ナシ、モモなどを食べた。さらに、ザクロ、イチジクなどを輸入することもある。飲料はワイン、シードルが好まれ、エールは使用人たちのものだった。

No.101 城の食卓

第5章 ● 王宮と城砦

城では昼に食べる正餐と夕方の午餐の2回の食事を取る。食事はホールで家族や家臣、客たちと皆で食べた。

城の食事は一般的な市民や農民のそれに比べ、非常に豪華なものである。

- フォークはなく、手掴みで食べる。
- 自分のナイフで料理を切る。
- 手はフィンガーボウルで洗い、テーブルクロスで拭く。
- 酒盃や食器などは共用。
- 正餐は2時間かけるフルコースメニュー。午餐はパンやチーズなどの軽い食事。
- 肉料理の下には皿代わりにパンを敷く。これは食後に使用人に与える。
- テーブルや椅子は折りたたみ式。

城の食事のメニューと食材

- ●肉類
  - 牛、豚、羊
  - 家禽
  - 狩りの獲物
  → ・ロースト
  ・シチューやスープ
  ・パイ包み
  ・すり身

- ●魚類
  - ニシン、タラ
  - カレイ
  - クジラ、イルカ、チョウザメ
  → ・断食日のメインディッシュ

- ●パン・ケーキ
  - マンチット
  - 蜂蜜やアーモンドで味付けしたケーキ

- ●野菜・果物
  - 豆類
  - 季節の野菜
  - ブドウ、モモ、ナシ、プラム、イチジク

- ●酒類
  - ワイン、シードル、エール

- ●調味料
  - ハーブ、スパイス、マスタードなど

関連項目

- ●家畜→No.034
- ●森林と狩猟→No.045
- ●領主→No.091

No.102
城の衣服

城で用いられた衣装は豪華なものである。貴族たちは先進的なファッションの担い手であり、その素材や形状は当時最新鋭のものである。

●時代によって移り変わるファッション

　中世という長い期間で、貴族階級の衣装はめまぐるしく変化した。素材も絹や羅紗、白テン、黒テン、銀リスの毛皮と高級素材が用いられている。

　中世初期の時代、貴族層は古代ローマやビザンツの流れを汲む、トーガやダルマティカを礼服として好んだ。フランスを中心に見てみると、11世紀の男性はシャンスという内着のチュニックに、装飾の施されたブリオーという長チュニックを重ね着していた。足にはズボンのブレーや靴下のショースを身につけ、その上から靴を履く。靴は先がとがったものが好まれ、時代と共に爪先が長くなった。外套は毛皮で縁取り、あるいは裏打ちしたマントを着用している。12世紀に入るとブリオーは丈の長いものが主流となり、毛皮を2枚の布で挟み、縁から毛が見えるように作った上着プリソンも用いられた。13世紀には毛織のチュニックのコトや袖なしのシュルコが登場。左右別の色の布を用いるパーティカラーが流行した。これは、紋章のデザインを取り入れたものである。14世紀に入ると、衣服は身体に密着したものとなった。コトは短いプールポワンと呼ばれるボタン留めの上着となり、ショースも長い下半身を覆うタイツ状に変化する。

　11世紀の女性もシャンスとブリオーを重ね着していた。女性のブリオーは腰を締め付けるデザインで、袖は袖口に向かって広がっている。12世紀には、シャンスとブリオーの間にプリソンを身につけ、コーサージで腰を締めるようになった。13世紀、そして14世紀には衣装はより身体に密着した形状となる。また、上着としてコトや袖の長いシュルコ、胴衣のコッタルディ、外套として毛皮の豪華なクロークなども用いられた。若い女性以外は頭部を晒すことは少なく、ウィンプルやヴェール、円筒形の帽子とバーベットという帯からなる女性用コイフなどを身につけている。

城の衣服

中世の貴族の衣服は、時代により大きく移り変わっている。

貴族の服の素材の例　布地　・絹　・羅紗
　　　　　　　　　　皮革　・黒テン・白テン・銀リス

●11世紀の衣服

男女ともブリオーという上着を着る。

ブリオーの下には、シャンスというチュニックを身につける。

ウィンプル　コイフ
若い女性以外は頭に、ウィンプルやコイフなどをかぶる。

●12世紀の衣服

ブリオーと合わせて毛皮を布地で挟んだ上着ブリソンを使うようになる。

コーサージで胴を締め上げる。

男性のブリオーは丈が長くなった。

●13世紀の衣服

毛織の上着コトや袖のないシュルコが用いられるようになる。

別の色の布地を継ぎ合わせたパーティカラーも流行している。

●14世紀の衣服

男女共に、身体にぴったりとした服を用いるようになる。

袖飾りのついたコートハーディ。

ボタンで飾られたプールポワンを着る。

足にはタイツ状のショースをはく。

関連項目

●農村の衣服→No.037　　　●都市の衣服→No.063

No.103

城の娯楽

強固な城壁と自然地形によって下界と隔絶された城は、刺激の乏しい牢獄でもあった。そのため、住人たちはさまざまな娯楽を求めた。

●退屈な日常を紛らわすための彩り

　城という施設はその目的上、小高い山頂や切り立った崖の先など、交易路や都市部とは隔絶された地域にあることが多い。そのため、城に住む領主たちの生活も一般とはかけ離れた場所で孤立した形で行われていた。それだけに、城での娯楽は退屈な日常を忘れるために重要なものだった。

　祝祭や婚礼があれば、領主たちは大量の牛や孔雀などの珍しい動物を用意して特別な料理をこしらえ客に振舞った。その際、大勢の音楽家や歌手が音楽を奏でて宴席の場を盛り上げる。この楽人たちは日常の食事や、食後のひと時にダンスを踊る時などにもその腕を振るった。

　領主や騎士が詩を吟じたり、奥方や奥方がサロンに抱えた詩人たちが音楽家の伴奏に乗ってその作品を披露することもある。彼らが紡いだのは愛の歌のような雅なものから、政治や討論、あるいは戯れ歌まで幅広い。旅の吟遊詩人が城を訪れれば、領主たちは大喜びで彼らを迎え入れた。放浪の詩人たちは外部情勢や他の城の様子などを伝えてくれる情報の伝達者であり、彼らを厚くもてなせば、その様子を外部に喧伝してくれたからだ。同様に大道芸人や道化師も城に長期間滞在することが多かった。

　ゲームとそれに伴う賭け事も、領主たちを熱狂させた。主なゲームはチェスやすごろく、あるいはさいころ遊びで15世紀頃までカードは主流ではなかった。ボーリングや鬼ごっこも人気があり、大人も楽しんでいる。

　スポーツは球技が人気でフランスではスール、イギリスではクリケットなどが楽しまれている。この遊びは、城の住人だけでなく領土の農民たちも招いて行われた。しかし、野外の娯楽で最も人気があったのはトーナメントのような武芸試合や、戦争の訓練にもなり食料を手に入れることができる狩猟である。特に狩猟は男性だけでなく、女性も積極的に参加した。

220

城での生活に欠かせない娯楽

地理的な条件もあり、城での生活は外部との接触が途切れがち。

そこで……

さまざまな娯楽で退屈を紛らわせたい！

●祝祭、婚礼

宴席を設けるための良い口実。

領主 — 手厚くもてなす。→ 客人

主なもてなしの内容
・牛、孔雀など豪勢な料理。
・楽士、歌手による演奏。
・芸人のパフォーマンス。
　　　　　　　　　などなど

●詩や歌の披露

領主、騎士、サロンの人々などが行う。
旅の吟遊詩人は、重要な外部情報の伝達者。

領主 ← 手厚くもてなす。／城、領主を他国で宣伝！ → 吟遊詩人

主な詩の内容
・愛の歌。
・政治、討論。
・戯れ歌。
　　　　　などなど

●ゲーム、賭博、遊戯

領主たちを熱狂させた娯楽。
カードゲームの登場は15世紀以降。

主なゲーム、賭博類
・チェス。
・すごろく。
・サイコロ遊び。

主な遊戯類
・ボーリング。
・鬼ごっこ。

●スポーツ

娯楽としてだけではなく、軍事訓練としても役に立った。

主な球技
・スール（フランス）。
・クリケット（イギリス）。

※領主たち貴族だけではなく、庶民も気軽に試合に参加した。

その他の主な野外娯楽
・トーナメント。
・武芸試合。
・狩猟。

※狩猟には女性たちも積極的に参加。食糧調達も兼ねていた。

関連項目

●農村の祝祭と娯楽→No.038
●領主→No.091
●騎士→No.092
●奥方と姫君→No.094
●吟遊詩人と道化師→No.096
●訓練とトーナメント→No.106

No.104
紋章学

11世紀、完全武装の騎士たちは、自分たちを示すための印を作る必要に迫られた。紋章学はその騎士たちの印章を知るための学問である。

●騎士を識別するための学問

紋章学(ヘラルドリー)は中世における騎士の世界を語る上で、非常に重要なものである。その名前は、紋章を見極め種々の交渉や宣告を行う紋章官(ヘラルド)に由来している。

11世紀に入り武装や戦術が発展した結果、領主や騎士は兜と鎖帷子で武装し、集団戦を行うようになった。だが、似通った武装は、指揮官や敵味方の判別を難しくしてしまう。そのため、指揮官の盾や部隊の旗に目印となる符号をつけることが一般的となった。これが紋章の始まりである。12世紀に入ると、紋章は親から子へと受け継がれる家系図的なものとなった。13世紀には紋章は高度に意匠化し、さまざまな決まりごとが生まれる。また、騎士が身につけるサーコート(シュルコ)に紋章が描かれるようになった。

個人の識別のために誕生した紋章は、その持ち主の固有のものであり、同じ図案を別人が使うことは許されない。色彩と図形にも決まりがあり、色彩は金属色、原色、毛皮色が用いられる。図像には現実に存在する道具や動物、あるいは幻想的な動物、他にも単純な図形なども用いられた。なお、地金と図像は別の系統の色彩を用いなければならない。図像を継承する場合、兄弟でそれぞれの地位にあった図像を加えた。婚姻などで複数の紋章を継承する場合、紋章の面を分割しそれぞれの図像を家格に応じて配置する。分割する線も定められた形式があった。

紋章官はこれらの紋章学を熟知し、騎士を判別することのエキスパートである。彼らは紋章を見て戦場での敵を把握し、死者の判別なども行う。彼らは主人の家を示す色に染められた専用の衣装を身につけ、戦闘には加わらず、攻撃も受けない。このため、宣戦布告や和平交渉の使者も勤めた。また、騎士たちも彼らを信用し遺言状などを残した。

紋章の発展

紋章学とは？

紋章の起源、図像の意味、伝来、系譜を解明する学問。中世ヨーロッパにおいては個人を識別する指標として専門知識を持つ紋章官が置かれた。

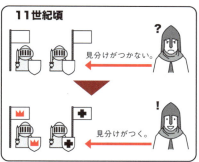

12世紀頃
親から子へと受け継がれる家系図として機能！

13世紀頃
高度に意匠化。ルールが定まる。サーコートに描かれる。

紋章官の仕事
・敵の判別。
・死者の判別。
・各種交渉。
・遺言の記録。

主家の色を染め抜いた衣装をまとい、非戦闘員として従軍する！

紋章のルール

●紋章の色

金属色	・金 ・銀	
原色	・赤 ・青 ・緑	・紫 ・橙 ・深紅
毛皮色	・アーミン ・ヴェア	・カウンター ・ポテント

紋章の地金と模様は別系統が基本。
原色+原色や金属色+金属色は許されない。

●紋章の模様

具象模様
現実、空想上の動植物。天体、武器、道具など。

図形
見分けのつきやすい単純なもの。

●家系を表すルール（一例）

2家を継ぐ場合　3家を継ぐ場合　4家を継ぐ場合

兄弟間の地位を示す文様（盾紋章の上に付く）

長男　次男　三男　四男　五男　六男

関連項目
●領主→No.091
●騎士→No.092
●武具→No.107

No.105

戦争

戦う人々こそが権力者だった社会において、戦争は日常であった。しかし、現代のような国家間の殲滅戦はめったに起きるものではない。

●血なまぐさい騎士の花舞台

　中世の戦争は、その大半が小規模なものだった。フェーデ(私闘)と呼ばれる復讐権を盾とした略奪は、多くの禁止令に関わらず中世という時代を通じ経済活動として行われている。だが、国家という枠組みが強くなると、十字軍などの宗教戦争、国内外の主権争いも行われるようになった。

　軍隊は領主と彼に仕える騎士、そしてその配下を中心に編成された。騎士たちは当然重装騎兵として参戦したが、配下の従卒は軽装騎兵、あるいは徒歩で付き従っている。さらに、農民や市民からなる徴募兵を雇い入れ歩兵や石弓兵、弓兵、雑兵に割り当てた。ただし、徴募した民兵に頼ることは不名誉とされていた。13世紀以降になると、専門の傭兵を雇い入れて戦力に当てるようになる。騎士や従卒は直属の上司には良く従ったが、指揮官に必ず従うとは限らなかった。補給についても重視されておらず、糧食が切れれば退却するか略奪を行った。

　異文化圏や異端への攻撃を除けば、戦争は遊戯的な面も見られた。野戦であれば会戦の地と時間を指定して相対し、日没ともなれば互いの陣地へと引き上げたのである。また、身代金を取ることができるため、戦闘中に死傷したのでなければ騎士は生け捕りにされた。その一方で、価値のない相手とみなされれば、容赦なく危害を加えられなぶり殺しにされた。

　競技めいた野戦に対して、篭城戦は知恵と武力を凝らした総力戦となる。糧食の問題から、篭城は敵を追い払うのに有効であった。野戦では出番が少ない徴募兵も城壁の庇護の元、矢や岩を敵に浴びせて活躍した。攻撃側は包囲して相手の降伏を待つか、攻城兵器で防備を打ち破り、内部の兵を打ち負かすことになる。防御側が無条件降伏をすれば、守備側は助命されることが多い。しかし、もし落城となれば略奪や殺戮を免れなかった。

戦争と兵士たち

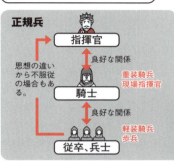

- 傭兵は13世紀頃から発達。
  それまで非正規兵に頼るのは不名誉なことだった。
- 物資の補給などの兵站は未発達。
  持ち込んだ物資が切れたら現地調達が基本。

野戦と籠城戦

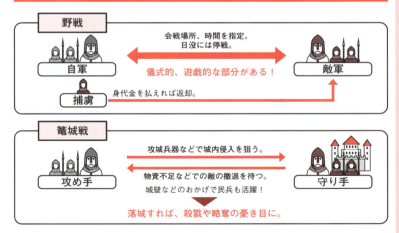

関連項目
- 封建制度→No.003
- 異端→No.087
- 領主→No.091
- 騎士→No.092
- 従卒と小姓→No.093
- 傭兵→No.095

No.106
訓練とトーナメント

戦いの技術を磨くための擬似的な闘争。野蛮な気風を帯びたそれは、
やがて華やかな舞台へと姿を変えていく。

●鋼を打ち合う日々

　戦いを生業とする以上、騎士階級に属する戦士たちにとって訓練は欠か
せないものだった。騎士の家に生まれた子供、あるいは平民から取り立て
られた優秀な子供たちは、7歳から小姓として騎士たちの給仕や身の回り
の世話を行いながら彼らのマナーを学ぶ。そして、ある程度の年齢になる
と従卒として馬の世話をし、武具を磨き、それらの合間に乗馬、武器の扱
い方、格闘の術、マラソンや水泳などの基礎体力作りなどの修練を行った。
訓練の中で特筆すべきものは、馬上槍ランスの修練だろう。馬上で構え、
敵に突撃して走り抜けるという使用方法をするこの槍の訓練には特別な人
形を使う。これは、盾を構え反対側の腕に分銅をつけた回転式のもので、
ランスで盾を打った後、素早く走り抜けないと手痛い反撃を受けた。

　こうした訓練の中でも最も華やかなものが、今日トーナメントとして知
られる武芸試合である。武芸試合は騎士叙任などの祝祭の際や、武勇を示
したい領主や騎士の主催によって行われる。互いに正面からぶつかり合い、
相手を叩き落とす著名な槍試合は中世後半から盛んに行われるようになっ
たもので、黎明期には下馬をしての戦闘や実戦的な集団戦が主流だった。
勝者は主催者からの賞賛や賞品だけでなく、敗者の武具や身代金を手に入
れることができる。だが、中世初期のそれはまだルールが確立しておらず、
訓練用の武器だけでなく石弓まで持ち出す乱闘が起きたり、流血の末に死
者が出ることも多かった。そのため、時の王たちはしばしば武芸試合を禁
止する法令を出している。これには武装した騎士たちの集団による蜂起を
警戒し、反乱を未然に防ぐ狙いもあった。

　中世後半に入ると武芸試合はより娯楽性が強くなり、貴婦人の応援の中
槍試合を行い、腕相撲やチェスの試合、宴会なども楽しむようになる。

226

騎士道教育と訓練

小姓時代

・給仕や騎士の身の回りの世話を通じてマナーを学ぶ。
※小姓になるのは大体7歳ぐらいから。

従卒時代

・乗馬。　・水泳。　・格闘技。
・武器の扱い。　・マラソン。
※これらを武具の手入れ、馬の世話などの合間に学ぶ。

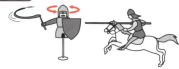

槍試合の訓練機
盾を突き、素早く走り抜けないと手痛い反撃を食らう。

トーナメント試合

トーナメントとは？

騎士叙任などの祝祭の際や、武勇を示したい領主や騎士の主催によって行われる武芸試合のこと。

主催者
→賞金を支払う。

勝者

敗者
←身代金を支払う。武具を譲渡する。

黎明期のトーナメント

下馬しての戦闘

対戦

集団戦

対戦

・ルールが未確定。
・流血沙汰や武装蜂起の危険からしばしば禁止される。

盛期以降のトーナメント

槍試合　腕相撲　チェス

対戦

・娯楽性が強まる。
・婦人たちの応援の元、行われる。
・宴会なども同時に開催された。

関連項目

- 騎士→No.092
- 従卒と小姓→No.093
- 武具→No.107
- 馬→No.109

No.107

武具

自らを武力闘争のための集団と定めた領主や騎士たちにとって、武具は欠かすことのできない道具であり、無二の相棒であった。

●騎士の象徴だった長剣

　闘争を生業とするものたちにとって、武具は重要な生活の道具だった。

　中でも最も重要なものが長剣である。貴重な鉄をふんだんに使う長剣はそれを調達できる財力を持つ証であり、転じて武装権を持つ騎士の象徴ともなった。逆に鍛造が容易な短剣は、一般の民衆も所持している。棍棒や槌矛、戦槌、斧など打撃力の高い武器も、鎧や兜で武装した騎士に対抗する上で好まれた。騎士が使うものは、馬上で使えるよう片手で持てるサイズである。これらの武器を馬上で用いることができるようになったのは馬具の発展、特に鐙によるところが大きい。特に大きな恩恵を受けたのは槍で、騎士が馬上で用いるランスを生み出すことになった。その一方、長槍や鉾槍などの長柄武器は主に騎士ではなく、兵士の用いるものとして扱われた。飛び道具も同様である。弓はイチイ製が最良とされ、専門の弓兵も生まれている。また、機械式の石弓は強力な武器として知られていた。

　鎧は金属の鋲や小札で補強した長衣や、ホバークという長い鎖帷子を用いた。鎧の下には分厚いキルティング地のガンベソン、アクトンという胴衣を身につける。しかし、鎖帷子は非常に高価なため、貧しい騎士や従卒は丈の短いものや、ジャーキンというガンベソンに似た袖なしの胴衣を用いた。兜は主に水滴型の鼻当てのあるものが用いられている。これらは頭全体を覆うように進化し、大兜やバレルヘルムという樽型のものになった。時代が進むとこれらの武装はより進化し、バシネットと呼ばれる面頬つきの兜や、鉄板で補強したコート・オブ・プレートと呼ばれる胴衣、鉄製の小手やすね当てと併用されるようになる。また、15世紀に入ると冶金技術の発達により、板金鎧が生み出された。盾は木製のものが多く、凧型が好まれた。これらは、後年騎士の紋章で美々しく飾られるようになる。

228

中世の武具

●切断武器

長剣　非常に高価な武器。騎士の象徴。

短剣　加工は容易で安価。民衆も使用した。

●鈍器

斧　戦槌

棍棒、槍矛、戦槌、斧
鎧を着た相手を戦うための、打撃力のある武器。
騎乗用は鐙の発展で登場。片手で用いる。

●長柄武器

ランス　鐙の発展により登場。騎士の象徴。

長柄武器　主に兵士が用いる。

●飛び道具

石弓

弓　イチイ製が最上とされる。主に兵士が用いる。

石弓　機械式の弓。主に兵士が用いる。

中世の武具

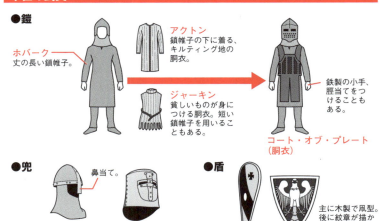

●鎧

ホバーク
丈の長い鎖帷子。

アクトン
鎖帷子の下に着る、キルティング地の胴衣。

ジャーキン
貧しいものが身につける胴衣。短い鎖帷子を用いることもある。

鉄製の小手、脛当てをつけることもある。

コート・オブ・プレート
（胴衣）

●兜

鼻当て。

涙滴型兜

大兜
（バレルヘルム）

●盾

主に木製で凧型。
後に紋章が描かれるようになる。

関連項目

●騎士→No.092　　●戦争→No.105
●紋章学→No.104　●馬→No.109

No.107　第5章●王宮と城砦

No.108

攻城兵器

そびえ立つ石塔を打ち壊す巨大な兵器たち。それは、古代ローマが残した古き兵器の残滓とも言うべきものだった。

●城壁を破る巨大な機械たち

　中世における攻城兵器は、古代ローマで使用されていたそれと大きな変化はない。中世の軍事技術者はこれらを再利用しつつ、新たに開発された独自の改良を加えていった。

　攻城兵器の中で最も単純かつ、基本的なものがラム（攻城槌）と呼ばれるものである。これは単純に丸太か、丸太の先端に金属製の覆いをつけたもので、ラム（羊）の名前どおり金属製の羊の頭をつけたものもあった。ラムはそのまま兵士が抱えて城壁や城門に叩き付けるか、車輪つきの櫓に鎖を突く撞木のようにぶら下げて打ち付けた。攻城櫓は車輪つきの巨大な櫓で、城壁に接近して跳ね橋をかけて兵員を送り込んだり、弓兵を乗せて城壁の上の兵士を攻撃させるために使う。この櫓は火に弱いので炎上を避けるために牛などの生皮で覆っていた。投石機は縄や髪の毛などを束ねたものに石を保持する腕木を差し込んで捩り上げ、その反発力で石を飛ばす。これは古代ローマで使われていたものと同様のものだった。イスラムの技術が導入されるようになると、この投石機は錘を使ってより正確な射撃ができるトレビシェットと呼ばれる大型投石機へと進化を遂げていく。また、古代のバリスタに相当する固定式の大弩も対人用、城壁用に用いられた。

　防御用の兵器としては、地面に設置して城からの投射物に備えるマントレットという大盾がある。また、直接的な攻撃兵器ではないが、堀を埋め立てるための木の枝を束ねたファシーン、堀を乗り越えるための丸太の上に橋を載せた可動橋といったものも用いられた。

　14世紀に入ると、攻城兵器はさらなる発展の時代を迎える。火器の登場である。矢を飛ばすミルメート・カノンからハンドキャノン、据え置き型の大砲へと進化した火器はやがて攻城戦を一変させることになった。

中世の兵器

中世の兵器は、古代の攻城兵器と大きな変化は見られない。しかし、中東から流入した技術により、さまざまな改良が成されている。

●ラム（攻城槌）

丸太を城壁や門にぶつける単純な兵器。先端は金属などで強化している。覆いをかぶせた車に乗せて使うこともある。

●攻城櫓

城壁を乗り越えるための、車輪付きの櫓。跳ね橋をかけて城内に兵士を送り込む。弓兵を乗せて城内を攻撃させることもある。

抱えて門にぶつける。

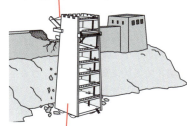

跳ね橋を城壁にかける。

防火のために、生皮で覆われている。

●投石機

束ねた縄や髪の毛の反発力を利用し、てこの原理で大きな石を飛ばす装置。

勢いで石が飛ぶ。

綱の反発力で寝かせていたアームが起き上がる。

中東の技術により、錘を動力としたトレビシェットへ発展。

トレビシェット

●大弩

太矢を打ち出す大型の石弓。歩兵が持ち運ぶのではなく固定して使う。

14世紀に入ると、火薬を使った大砲などの新兵器が登場。
兵器の発展は新たな技術と共に新時代を迎える！

関連項目

●戦争→No.105

No.109

馬

騎士を騎乗の戦士たらしめている存在が馬である。騎士たちはこの相棒を、さまざまな用途に応じて使い分けていた。

● **騎士たちを支えた馬たち**

　馬は騎士が騎士たるためのシンボルであり、戦場での相棒、重要な武具でもある。そこで騎士は、日々馬の飼育や品種改良にいそしんでいた。

　現在でも競走馬や農耕馬にさまざまな品種が見られるように、騎士たちも用途に応じた馬を用いている。最重要となるのが、鎧を着た騎士を乗せ、戦闘や槍試合に従事するデストリアーと呼ばれる軍馬である。デストリアーの名前は、この軍馬を従卒が牽く際に、気高い腕とされた右腕（デクストル）で牽いたことに由来している。グレートホースとも呼ばれる軍馬は胸が厚く、耐久力があり、敏捷で勇敢だった。アラブや中央アジアからもたらされた品種を元に、選別交配を繰り返して生み出されたこの馬を、各国の王は率先して飼育させている。特に有名なのはイタリア、フランス、スペイン、イングランドで、中でもアラゴン、カスティリア、ガスコーニュ産の軍馬が名高い。なお、軍馬は男性優位の威厳を尊ぶ騎士によって、雄馬のみが相応しいとされている。一方、快速のコーサーと呼ばれる馬は、戦闘のみでなく狩猟用としても好まれた。儀式用や貴婦人、聖職者の移動用には高級で見栄えの良い儀仗馬ポルフリーが用いられる。これらの騎士の馬に対し、従卒はロンサンという駿馬あるいは駄馬を使用した。荷物を運ぶのはサンプターという、足が短くがっしりとした荷馬が用いられている。

　このように馬が騎士の相棒となりえたのは、馬具の伝播と発展がある。鐙(あぶみ)は馬上での踏ん張りを可能にし、長時間の乗馬や戦闘を助けた。蹄鉄は、傷つきやすい馬の蹄を保護し、長距離の移動を可能にしている。拍車は馬の制御だけでなく、それを所持する人間の地位をあらわすことにも使われている。従卒は銀の拍車を使うが、騎士には黄金の拍車が与えられた。

騎士たちを取り巻く馬たち

偉大な軍馬デストリアー

・グレートホースとも呼ばれる。
・騎士の乗馬の中で最も希少。
・大きく、強く、俊敏。
・多くの王が率先して育成。

その他の馬たち

コーサー
一般的な軍馬。
快速。

ポルフリー
儀礼、移動用。
僧や貴婦人も乗る。

ロンサン
従卒などが使用。
駿馬とも駄馬とも。

サンプター
荷馬。
がっしりしている。

中世の軍馬の産地

・スペイン
・フランス
・イタリア
・イングランド

※中でもアラゴン、カスティリア、ガスコーニュ産が名高い。

馬の使用を助けた馬具

馬が騎士の相棒たりえたのは、馬具の伝播と発展によるところが大きい！

鞍と鐙
鞍と鐙により、騎士は馬上で踏ん張ることができ、移動や戦闘がしやすくなった。

拍車
拍車は馬の制御を容易にするだけでなく、素材により身分の証にもなった。

蹄鉄
蹄鉄で蹄を保護することにより、長距離の移動が可能になった。

関連項目

●森林と狩猟→No.045
●騎士→No.092
●従卒と小姓→No.093
●戦争→No.105

No.110

錬金術

初期科学の発芽として、今日でも知られる錬金術。この技術はただ金を生み出すだけのものではなく、世界の謎を解き明かす学問だった。

●中東の最新技術だった錬金術

　人の好奇心は果てしないものである。自然の法則を理解しそれを利用することで利益を得ようとする試みは、はるか古代から行われている。中でも、貴金属を生み出す錬金術は、多くの夢見る知識人の憧れであった。

　錬金術と呼ばれる技術が誕生したのは、紀元前3〜紀元後3世紀にかけてのアレクサンドリアとされている。アレクサンドロス大王（在位前336-前323）によって造営されたこの街は、ギリシア、ローマ、古代エジプト、オリエントの知識が集まる坩堝であった。ここに集積されたグノーシス主義やヘルメス思想、密儀宗教などの思想から派生した錬金術は当初あくまで概念であり、金を生み出すことに成功したという実例などは存在しなかった。だが、これを可能とする賢者の石の概念や、アラブでの実験器具の開発などにより錬金術は、実体を備えた技術として確立されていく。

　中世ヨーロッパに錬金術の思想が流入したのは、西欧が中東圏の技術や知識を得るきっかけとなった十字軍以降のことである。錬金術はその出自の通り異教的な神秘思想に彩られていたが、当時の教会は問題視していない。むしろ最先端の技術としてもてはやされ、研究された。初期の錬金術師と呼ばれた人々が、修道士だったことからもそれは伺える。彼らは伝説の錬金術師ヘルメス・トリスメギストスが著したとされる『エメラルドタブレット』を信じ、万物に宿る霊を進化させる生命の息吹を凝固させ、賢者の石とする術を探していた。それは、万物の謎を解き明かし、すべての理想を可能とすることでもあった。中世後期に大学が隆盛を誇るようになると、錬金術の熱は一般の知識階級や貴族にも伝播するようになる。しかし、器具や材料に莫大な資金を必要とする錬金術は、欲に目がくらんだスポンサーから費用だけを掠め取る多くの詐欺師をも生んだ。

錬金術の誕生

錬金術とは？

世界の秘密を解き明かすための学問。
貴金属を作り出すなどの利益は、あくまで副次的なものに過ぎない。

アレクサンドリア

アレクサンドロス大王によって築かれた北アフリカの都市。
文化の坩堝ともいうべき土地柄。

- 古代ギリシア文化
- 古代エジプト文化
- 古代ローマ文化
- 古代オリエント文化

アレクサンドリアで育まれた主な思想
・グノーシス思想
・ヘルメス主義
・密儀宗教

↓
・賢者の石の概念ができ上がる。
・アラブでの実験器具の発達。

体系的な学問としての錬金術が確立する！

中世社会で受け入れられた錬金術

十字軍遠征

『エメラルドタブレット』
伝説の錬金術師ヘルメス・トリスメギストスが著したとされる書物。

↓

錬金術の知識が西欧にもたらされる！

修道士

・教会、修道院共に異教的なエッセンスを含むも問題にしない。
・最先端の技術として研究。
・すべての理想を可能にするという賢者の石を探す。

大学の隆盛で、錬金術の知識が一般に広まる。

知識階級、貴族

莫大な資金を必要とする錬金術は、スポンサーから富を掠め取る多くの詐欺師を生んだ！

関連項目

●聖職者→No.079　　　　●城の住人→No.090

索引

あ

アクトン	228
悪魔	192
悪魔憑き	192
アジール	30
鐙	232
アミクトゥス	178
アルビ派	186
暗黒時代	8
按手	16
居酒屋	78
医術	20
異端	186
市場	142
市場税	34
インカステラメント	70
インフルエンザ	26
ヴァイキング船	44
ウィンプル	218
ヴェール	218
馬	232
衛兵	110
疫病	26
エクソシスト	192
壊疽性麦角中毒	26
遠隔地商人	112
王宮	210
『黄金伝説』	182
王の道	44
大市	142
多いなる死	26
大兜	228
狼	50
狼憑き	100
オルガヌム	40
恩給地	12、14
女主人	118

か

開墾	96
改悛	16
塊村	70
街道	44
街道村	70
下級裁判	28

楽士	206
鍛冶屋	94
カズラ	178
肩掛け葦綱	66
カタリ派	186
家畜	76
家畜小屋	76
家畜飼育人	90
滑車	42
カテドラル	162
可動橋	230
カノン法	28
貨幣経済	154
かまど	74
神の家	180
神の剣	24
神の貧者	180
身体を焼く病	26
家令	56、194
ガレー船	44
ガレノス	20
為替	154
皮剥ぎ人	116
慣習法	28
灌水式	16
ガンベソン	228
飢饉	24
樵	92
騎士	198
騎士叙任	200
『狐物語』	38
ギャルド・ローブ	136
宮廷歌人	206
教会	162、174
教皇	166
兄弟団	158
共用地	88
キリスト教	16
キリスト教の貧しき騎士	208
ギルド	144
金融業者	112
吟遊詩人	206
グノーシス派	186
クリスマス・イヴ	84
グレートホース	232
クレーン	42
グレゴリオ聖歌	40
クローク	218
訓練	226
警吏	110
刑吏	116
外科医	20
結婚制度	36
決闘裁判	32
『健康全書』	48
『健康表』	48
原罪	16、188

堅振	16
献身者	164
コイフ	218
公営娼館	118
後期	8
公顕祭	84
工匠	42
攻城槌	230
攻城櫓	230
コーサー	232
コーサージ	218
コート・オブ・プレート	228
5月祭	84
コグ	44
国王罰例	28
黒死病	26
獄吏	116
小作人	54
孤児院	180
乞食	122
ゴシック体	38
ゴシック様式	38
小姓	200
コタルディ	136
告解火曜日	84
国家大権	196
コッタルディ	218
コト	136、218
粉挽き	72
ゴミ	22
コミューン運動	104
コミューン都市	108
コムーネ都市	104
御料林	86
御料林官	90
御料林長官	86、90
婚姻	36

さ

サーバント	200
災害	24
歳時暦	64
サクラメント	16
サリカ法典	28
サレルノ	20
サンプター	232
三圃式	66
ジェノバ傭兵	204
シェル・キープ	214
司教	168
司教冠	178
司教座都市	104
司教杖	178
死刑	32
死刑執行人	116
司祭	170、172

侍祭	170、172
侍従	194
四旬節	64
侍女	194
私娼	118
自治都市	104
私闘	225
死の舞踏	26
ジプシー	120
死亡税	34
ジャーキン	228
瀉血	20
シャリヴァリ	160
シャンス	218
週市	142
収穫祭	84
宗教騎士団	208
従士制度	12
従者	200
従卒	200
集村	70
修道院	162、174
修道士	170
自由都市	104
自由七科	130
自由農民	54
10分の1税	34
終油	16
縦列繋駕法	66
祝祭	84
樹木管理官	90
守門	170、172
狩猟	98
シュルコ	136、218
巡幸王権	210
巡礼	184
荘園差配人	56
荘園制度	52
荘園法	52
唱歌	40
上級裁判	28
小教区	14
城砦	210、214
焼灼法	20
商人	112
商人法	28
娼婦	118
ショース	218
初期	8
『贖罪規定書』	188
職人	114
諸侯	196
助祭	170、172
助修士	164
叙聖制度	182
初夜権	36
城	214

白い軍団	204
人頭税	34
神明裁判	28、32
森林	50
森林巡回裁判	90
人狼	100
水車	72
スイス傭兵	204
枢機卿	166
スクワイア	200
スコラ学	132
ストラ	178
炭焼き	92
聖アントニウスの火	26
盛期	8
『精気論』	20
聖職者	170
聖燭節	84
聖人	182
聖体	16
製鉄職人	92
聖なる火	26
聖墳墓騎士団	208
聖ヨハネ騎士団	208
セクエンツィア	40
切断刑	32
施療院	180
戦争	224
尖塔アーチ	42
腺ペスト	26
洗礼	16
相続税	34
贈与者	164
村長	54

た		
大学	130
代官	56
大聖堂	162
鷹狩り	98
旅芸人	206
ダルマティカ	178
地代	34
長剣	228
聴罪司祭	188
直営地	14
通行税	34
吊りくさび	42
吊りクランプ	42
ツンフト	144
帝国法	28
定住商人	112
蹄鉄	232
デストリアー	232
天然痘	26
テンプル騎士団	208

伝令	46、194
ドイツ騎士団	208
トイレ	22
同業者組合制度	144
同郷団	160
道化師	206
投石器	230
トーナメント	226
読師	170、172
都市貴族	106
都市法	28
飛梁	42
ドミニコ派修道会	186
奴隷	54
トレビシェット	230
トロープス	40

な		
二圃式	66
人間狼	100
年市	142
農事暦	64
農奴	54、60
農奴監督官	56
農民	54、58
農民保有地	14、52

は		
パーティカラー	136、218
バーベット	218
歯医者	20
灰製造人	92
肺ペスト	26
拍車	232
バシネット	228
破城槌	24
バジリカ様式	38
パタリア	186
『ばら物語』	38
パリウム	178
バレルヘルム	228
パン	80
判決発見人	28
バン権力	14
バン職人	74
万聖節	84
帆船	44
バン領主	14
バン領主支配	196
秘蹟	16
ヒポクラテス	20
広場村	70
品級	16
貧民	122
ファシーン	230

237

ファノネ	178
風車	72
フーフェ	52
プールポワン	218
フェーデ	225
賦役	34
副助祭	170、172
部族法典	28
復活祭	84
祓魔師	170、172
ブリオー	218
プリソン	218
プルガトリオ	190
フルク	44
ブルジョア	106
ブレー	136、218
風呂屋	140
ベギン会	180
ペスト	26
ヘラルド	222
ヘラルドリー	222
遍歴商人	112
遍歴職人制度	150
封建制度	12
封土	12、14
保護区	30
ホスピタル	180
ホスピタル騎士団	208
ホバーク	228
保有地移転料	34
ポルフリー	232
牧人	62

ま

マッパ・ムンディ	10
マナーハウス	70
マニプルス	178
マルタ騎士団	208
マンス	52
マントレット	230
ミトラ	178
ミルメート・カノン	230
村役人	56
免罪	188
免罪符	188
木炭	92
モット・アンド・ベイリー	214
森番	90
紋章学	222
紋章官	222
モンペリエ	20

や

薬種業者	20
野戦	224

宿屋	156
郵便	46
ユリウス暦	18
傭兵	204
養老院	180

ら

ライ病	26
ラム	230
ランス	228
ランツクネヒト	204
ラント平和令	32
ラント法	28
リヴ・ヴォールト	42
領主	196
領土	14
領邦支配	196
礼拝堂	162、174
レーエン制	12、198
レクタンギュラー・キープ	214
錬金術	234
煉獄	190
篭城戦	224
禄地	14
ロマネスク様式	38
ロンサン	232

わ

ワルド派	186

238

参考文献

■通史

『改稿　西洋中世の文化』 大類伸 著／冨山房

『中世西欧文明』 ジャック・ル=ゴフ 著／桐村泰次 訳／論創社

『もうひとつの中世のために』 ジャック・ル=ゴフ 著／加納修 訳／白水社

『ヨーロッパの中世1　中世世界とは何か』 佐藤彰一　著／岩波書店

『図説中世ヨーロッパの暮らし』 河原温、堀越宏一 著／河出書房新社

『中世の窓から』 阿部謹也 著／朝日新聞社

『中世賤民の宇宙　ヨーロッパ原点への旅』 阿部謹也 著／筑摩書房

『西洋中世の男と女　聖性の呪縛の下で』 阿部謹也 著／筑摩書房

『中世ヨーロッパ生活誌』 ロベール・ドロール 著／桐村泰次 訳／論創社

『ヨーロッパ中世社会史事典』 アグネ・ジェラール 著／池田健二 訳／藤原書店

『中世ヨーロッパ生活誌1』 オットー・ボルスト 著／永野藤夫 訳／白水社

『中世ヨーロッパ生活誌2』 オットー・ボルスト 著／永野藤夫 訳／白水社

『15のテーマで学ぶ中世ヨーロッパ史』 堀越宏一、甚野尚志 編著／ミネルヴァ書房

『西欧中世史事典　国制と社会組織』 ハンス・K・シュルツェ 著／千葉徳夫 他訳／ミネルヴァ書房

『西欧中世史事典Ⅱ　皇帝と帝国』 ハンス・K・シュルツェ 著／五十嵐修 他訳／ミネルヴァ書房

『西欧中世史事典Ⅲ　王権とその支配』 ハンス・K・シュルツェ 著／小倉欣一、河野淳 訳／ミネルヴァ書房

『イギリス中世文化史　社会・文化・アイデンティティー』 富沢霊岸 著／ミネルヴァ書房

『中世ヨーロッパを生きる』 甚野尚志、堀越宏一 編／東京大学出版会

『100語でわかる西欧中世』文庫クセジュ　ネリー・ラベール、ベネディクト・セール 著／高名康文 訳／白水社

『ドイツ中世の日常生活　騎士・農民・都市民』 コルト・メクゼーパー、エリーザベト・シュラウト 共編／瀬原義生 監訳／赤阪俊一 佐藤専次 訳／刀水書房

『中世ヨーロッパ』ビジュアル博物館第65巻 アンドリュー・ラングリー 著／池上俊一 日本語版監修／同朋舎

『図説ロマネスクの教会堂』 辻元敬子、ダーリング益代 著／河出書房新社

『図説大聖堂物語　ゴシックの建築と美術』 佐藤達生、木俣元一 著／河出書房新社

『カラーイラスト世界の生活史7　中世の都市生活』 ピエール・ミケル 著／福井芳男、木村尚三郎 監訳／東京書籍

『カラーイラスト世界の生活史22　古代と中世のヨーロッパ社会』 ジョバンニ・カセリ著／木村尚三郎、堀越宏一 監訳／東京書籍

『生活の世界歴史6　中世の森の中で』河出文庫　掘米庸三 編／河出書房新社

『西洋経済史』岩波全書　河野健二 著／岩波書店

『西洋中世世界の発展』岩波全書　今野國男 著／岩波書店

『中世の光と影（上）』講談社学術文庫　掘米庸三 著／講談社

『西欧文明の原像』講談社学術文庫　木村尚三郎 著／講談社

『西洋住居史　石の文化と木の文化』 後藤久 著／彰国社

『中世に生きる人々』 アイリーン・バウア 著／三好洋子 訳／東京大学出版会

『世界風俗じてんⅠ　衣食住の巻　ヨーロッパ』 磯見辰典 他著／三省堂

『ヨーロッパ中世の社会史』岩波セミナーブックス　増田四郎 著／岩波書店

『改訂新版　世界史B用語集』 全国歴史教育研究協議会 編／山川出版社

『図説夜の中世史』 ジャン・ヴェルドン 著／吉田春美 訳／原書房

『図説快楽の中世史』 ジャン・ヴェルドン 著／池上俊一 監修／吉田春美 訳／原書房

『暮らしのイギリス史　王侯から庶民まで』 ルーシー・ワースリー 著／中島俊郎、玉井史絵 訳／NTT出版

『ヨーロッパ中世ものづくし　メガネから羅針盤まで　カラー版』 キアーラ・フルゴーニ 著／高橋友子 訳／岩波書店

239

■服飾
『西洋服装造形史　古代・中世』　千村典夫 著／杉野学園出版
『中世ヨーロッパの服装』　オーギュスト・ラシネ　原案／マール社編集部 編／マール社
『服飾の歴史　古代・中世篇』　ミシェル・ボーリュウ 著／中村裕三 訳／白水社

■食
『食の歴史Ⅰ』　J＝L・フランドラン、M・モンタナーリ 編／宮原信、北代美和子 監訳／菊地祥子 他 訳／藤原書店
『食の歴史Ⅱ』　J＝L・フランドラン、M・モンタナーリ 編／宮原信、北代美和子 監訳／菊地祥子 他 訳／藤原書店
『中世の食生活　断食と宴』　ブリジット・アン・ヘニッシュ 著／藤原保明 訳／法政大学出版局

■医学
『医学の歴史』講談社学術文庫　梶田昭 著／講談社
『まんが医学の歴史』　茨木保 著／医学書院
『「最悪」の医療の歴史』　ネイサン・ベロフスキー 著／伊藤はるみ 訳／原書房
『西洋医学史ハンドブック』　ディーター・ジェッター 著／山本俊一 訳／朝倉書店

■刑法
『概説西洋法制史』　勝田有恒、森征一、山内進 編著／ミネルヴァ書房
『西洋中世の罪と罰　亡霊の社会史』　阿部謹也 著／弘文堂
『刑吏の社会史　中世ヨーロッパの庶民生活』中公新書　阿部謹也 著／中央公論社
『ある首斬り役人の日記』　フランツ・シュミット 著／藤代幸一 訳／白水社
『拷問と刑罰の歴史』　カレン・ファリントン 編著／飯泉恵美子 訳／河出書房新社

■騎士・貴族
『図説騎士の世界』／池上俊一 著／河出書房新社
『中世ヨーロッパの城の生活』講談社学術文庫　ジョセフ・ギース、フランシス・ギース 著／栗原泉 訳／講談社
『騎士　中世のロマン栄光の騎士道の世界を探る』ビジュアル博物館第43巻　クリストファー・グラヴェット 著／リリーフ・システムズ 訳／同朋舎
『古城事典』　クリストファー・グラヴェット 著／森岡敬一郎 日本語版監修／坂本憲一 訳／同朋舎
『カラーイラスト世界の生活史8　城と騎士』　フィリップ・プロシャール 著／福井芳男、木村尚三郎 監訳／東京書籍
『騎士道百科図鑑』　コンスタンス・B・ブシャード 監修／堀越孝一 日本語版監修／悠書館
『図説西洋甲冑武器事典』　三浦權利 著／柏書房
『武器屋』　Truth In Fantasy編集部 編著／新紀元社
『武器甲冑図鑑』　市川定春 著／新紀元社
『戦略戦術兵器事典5　ヨーロッパ城郭編』　学研
『騎士団』世界史研究双書4　橋口倫介 著／近藤出版社
『図説中世ヨーロッパ武器・防具・戦術百科』　マーティン・J・ドアティ 著／日暮雅道監訳／原書房
『道化の社会史　イギリス民衆文化のなかの実像』叢書演劇と見世物の文化史　サンドラ・ビリントン 著／石井美樹子 訳／平凡社
『中世の城日誌―少年トビアス、小姓になる』　リチャード・プラット 文／クリス・リデル 絵／長友恵子 訳／岩波書店
『ヨーロッパの城』　井上宗和 著／社会思想社

240

■宗教・思想

『修道院　禁欲と観想の中世』講談社現代新書　朝倉文市 著／講談社

『中世思想原典集成　別巻　中世思想原典集成総索引』 上智大学中世思想研究所 編訳・監修／平凡社

『知識ゼロからの教会入門』 船本弘毅 監修／幻冬舎

『よくわかるカトリック　その信仰と魅力』 小高毅／教文館

『地獄の辞典』 コラン・ド・プランシー 著／床鍋剛彦 訳／講談社

『エピソード魔法の歴史　黒魔術と白魔術』現代教養文庫　G・ジェニングズ 著／市場泰男 訳／社会思想社

『魔術の復権　イタリア・ルネサンスの陰と陽』 沢井繁男 著／人文書院

『中世の祝祭　伝説・神話・起源』 フィリップ・ヴァルテール 著／渡邉浩司、渡邉裕美子 訳／原書房

『ヨーロッパの祝祭典　中世の宴とグルメたち』 マドレーヌ・P・コズマン 著／加藤恭子、山田敏子 訳／原書房

『図解錬金術』F-FilesNo.004　草野巧 著／新紀元社

『西欧中世の民衆信仰　神秘の感受と異端』 ラウール・マンセッリ 著／大橋喜之 訳／八坂書房

『針の上で天使は何人踊れるか　幻想と理性の中世・ルネサンス』 ダレン・オルドリッジ 著／池上俊一 監修／寺尾まち子 訳／柏書房

『中世・ルネサンスの音楽』講談社現代新書　皆川達夫 著／講談社

■都市

『ヨーロッパの中世2　都市の創造力』 池上俊一、河原温 編／岩波書店

『ヨーロッパの中世4　旅する人びと』 関哲行 著／岩波書店

『ヨーロッパの中世5　ものと技術の弁証法』 堀越宏一 著／岩波書店

『中世ヨーロッパの都市の生活』講談社学術文庫　ジョセフ・ギース、フランシス・ギース 著／青島淑子訳／講談社

『中世イタリアの都市と商人』 清水広一郎 著／洋泉社

『中世都市と暴力』 ニコル・ゴンティエ 著／藤田朋久、藤田なち子 訳／白水社

『西洋中世都市の自由と自治』 林毅 著／敬文堂

『城壁にかこまれた都市　防御施設の変遷史』 ホースト・ドラクロワ 著／渡辺洋子 訳／井上書院

『中世ヨーロッパの都市世界』世界史リブレット23　河原温 著／山川出版社

『中世パリの生活史』 シモーヌ・ルー 著／杉崎泰一郎 監修／吉田春美 訳／原書房

■農村

『中世を旅する人びと　ヨーロッパ庶民生活点描』 阿部謹也 著／平凡社

『中世ヨーロッパの農村の生活』講談社学術文庫　ジョセフ・ギース、フランシス・ギース 著／青島淑子 訳／講談社

『中世ヨーロッパの農村世界』世界史リブレット24　堀越宏一 著／山川出版社

F-Files No.054

図解　中世の生活

2016年10月15日　初版発行
2023年 7 月29日　 7 刷発行

著者	池上正太（いけがみ　しょうた）

本文イラスト	福地貴子
図解構成	福地貴子
編集	株式会社新紀元社 編集部
	川口妙子
DTP	株式会社明昌堂

発行者	福本皇祐
発行所	株式会社新紀元社
	〒101-0054　東京都千代田区神田錦町1-7
	錦町一丁目ビル2F
	TEL：03-3219-0921
	FAX：03-3219-0922
	http://www.shinkigensha.co.jp/
	郵便振替　00110-4-27618

印刷・製本	中央精版印刷株式会社

ISBN978-4-7753-1302-2
定価はカバーに表示してあります。
Printed in Japan